역사를 묻다 ③

丹齋 申采浩

단재 신채호, 중국에 역사를 묻다

저자 · 김월배, 주우진

걸음

〈목차〉

저자의 말

아름다운 조국이 일제에 의하여 유린되는 것을 목도한 지식인 신채호, 지행합일의 독립운동가인 그는 견딜 수가 없었다. 31살의 젊은 청년 신채호는 『동사강목』을 손에 쥐고 푸른 압록강을 건넜다. 그리고 그는 57세가 되어 부인과 아들에 의해 한줌의 유골이 되어 다시 압록강을 넘어 조국으로 돌아 왔다. 26년간의 시간이다. 사(四)반세기이다. 아내를 15년 만에 만나 품에 안기어 한 줌의 재로 돌아 왔다. 이 책은 그 기록을 찾아 가는 이야기이다. 신채호 중국 발자취를 찾아 대략 2,280km를 다녔다. 서울-부산 5배가 넘는 거리이다.

중국에서 오랫동안 거주하고, 학생들을 가르치는 두 한국인이 기록하였다. 처음 뤼순에서 안중근 의사를 통하여 만났다. 안중근 의사 연구와 신채호 연구, 현장을 사랑하고 현장이 답이라는 생각을 가지고 있는 두 사람은 현장을 통하여 기록으로 남기고 싶었다. 이 책은 그 기록의 결정체이다. 근대 역사의 지평을 넓히고, 발로 뛰는 역사학자이자 독립운동가 신채호를 한국인만의 언어로 기록하였다.

신채호의 중국 26년간은 거주 지역별로 4가지로 요약될 수 있다.

독립운동가(칭다오, 상하이), 언론인(상하이), 역사학자(베이징, 뤼순), 교육자(환런, 지안, 상하이)이다. 그러나 모두 독립운동의 행동지침이자 바이블인 「조선혁명선언」에 귀결된다. 강한 나라, 힘을 길러야 함을 붓을 든 지식인으로 일제에 대항하여 당신 스스로 당당히 지행합일로 보여 주셨다. 행동하는 참 지식인,

진정한 독립운동가이다.

　행동하는 참 지식인의 말씀은 우리에게 큰 울림을 준다. 명언 제조기 신채호이다.

　'민족을 버리면 역사가 없을 것이며, 역사를 버리면 민족의 그 국가에 대한 관념이 크지 않을 것이니, 아아, 역사가의 책임이 그 또한 무거운 것이다.'

　'이완용은 있는 나라를 팔아먹더니, 이승만은 없는 나라를 팔아 먹으려 한다.'

　'역사는 애국심의 원천이라.'

　'독립은 주어지는 것이 아니라, 쟁취하는 것이다.'

　'역사는 아와 비아와의 투쟁', '자신의 나라를 사랑하려거든 역사를 읽을 것이며, 다른 사람에게 나라를 사랑하게 하려거든 역사를 읽게 하라.'

　'외국의 주의가 조선에 들어오면, 조선의 주의가 되어야 한다.'

　'민중은 우리 혁명의 대본영' 등 많아도 너무 많다.

　신채호가 『동사강목』을 들고 압록강을 건넜듯이 대한민국의 젊은이들이 이제는 『단재 신채호, 중국에 역사를 묻다』를 들고 건너기를 바란다. 신채호 선생이 그토록 염원하던 광복의 날을 맞은 지 76년 되었다. 독립운동가 신채호, 역사학자 신채호가 염원하던 광복된 조국이 지금의 분단된 국가의 모습이었을까?

　이 책이 나오기까지 많은 분들의 도움을 받았다. 특히 도움을 주신 분은 홍성림 선생이다. 홍성림 선생은 베이징에서 재중항일역사기념사업회 이사로 있다. 졸고의 첫 독자로서 날카로운 질정과 좋은 조언을 주신 분이다. 또한, 필자가 중국에 거주하는 동안 부모님과 가족의 배려와 도움이 없이 이 책은 세상에 나올 수가 없었다.

이 책을 신채호 선생님의 영전에 올린다. 이 책을 쓰는 동안 신채호 선생님의 영혼이 몸에 스며드는 듯한 느낌에 휩싸인 때가 적지 않았다. 신채호 선생님은 우리보다 중국에서 더 많은 삶을 가난과 질병 속에 사셨다. 그래서 이성보다 감성이 앞서, 과도한 서술이 있으리라 여겨진다. 독자 여러분들이 너그럽게 보시고, 가감하면서 읽어 주시기를 바랄 따름이다.

2021년 8월 15일 광복절

김월배, 주우진 쓰다

추천사

　김월배, 주우진 교수의 신간 『단재 신채호, 중국에 역사를 묻다』가 가까운 시일 내에 한국에서 출판된다고 들었다. 중국인 역사학자로서 김월배 교수께 진심으로 축하드리는 동시에, 그의 또 하나 연구 성과에 기뻐하고 경탄한다.

　김월배 교수를 만난 이래로 그의 한국 민족 영웅에 관한 성과가 많이 이루어졌고 관련된 저서들이 많이 출간되었다. 김 교수는 안중근 연구를 진행하고 안 의사의 역사 발자취를 더듬기 위해 하얼빈(哈爾濱), 다롄(大連), 뤼순(旅順), 상하이(上海), 충칭(重慶), 베이징(北京) 등 여러 도시를 방문했다. 연로하신 부모님과 아내의 염려와 그리움을 내려놓고, 다년간 중국에 체류하면서 민족정신을 고취한 저서들을 연이어 한국 국민들에게 바친 그의 마음은 해와 달이 입증해 준다.

　희망이 있는 민족에 영웅이 없으면 안 되고, 전도가 유망한 나라에 솔선자가 없으면 안 된다는 말이 있다. 한반도의 훌륭한 솔선자 안중근, 신채호, 이회영은 우리 영원히 기억해야 하는 민족 영웅들이다. 그들의 헌신 정신은 해와 달과 함께 빛나고 산과 강과 함께 있다.

　신채호는 유명한 문학가·역사학자이자 훌륭한 사회활동가이다. 그는 민족의 독립과 해방을 위해 불행히도 감옥에 갇혔지만, 자신의 이상을 끝까지 포기하지 않고 '하늘의 북(天鼓)'를 두드리는 심정으로 뤼순감옥에서 많은 역사 저서를 남기셨다. 한 민족의 기원과 발전의 역정을 해석함으로써, 역사가 사람이 나아갈 수 있도록 채찍질하는 채찍이며, 지혜를 일깨워주는 거울이라는 사실을 깨닫게 한다. 물론 환경과 자료 확보의 제한 때문에 기억만으로 저술한 저서가 불가피한 한계가 존재한다는 점도 명심해야 한다. 그러나 이것은 문학과 역사학에서 신채호의 위상에 전혀 영향을 미치지 않는다.

안중근, 신채호, 이회영 등 민족의 독립과 자유를 위해 분투한 정신은 영원히 계승될 가치가 있다. 오직 민족의 부흥과 발전에 심혈을 기울이는 것만이 영웅에 표한 가장 깊은 경의다! 김월배 교수가 현재 한국 국민의 가장 좋은 대표이다. 민족정신을 고취하고 영웅의 풍채를 밝혀주는 어려운 작업을 하는 김 교수의 더 많은 좋은 작품이 나오기를 간절히 바란다.

2021년 8월 15일

왕쩐런 | 다롄시 근대사연구소 연구원,
뤼순일아감옥구지 박물관 컨 부관장

贺词

欣闻金月培和朱尤辰教授的最新之作《丹齋 申采浩, 在中国问历史》于近日在韩国出版。作为一位中国的史学工作者要向金月培教授表示由衷的祝贺。也为他的又一科研成果感到高兴和敬佩。

自结识金月培教授以来, 看到他在研究韩国民族英雄方面的著作已经是硕果累累。他为了研究和探索安重根的历史足迹, 先后奔走在中国的哈尔滨、大连、旅顺、上海、重庆、北京等地, 不顾家中老人、妻子的挂念, 常年旅居中国, 奉献给韩国人民一部又一部弘扬民族精神的著作, 其心可昭日月。

我们说, 一个有希望的民族不能没有英雄, 一个有前途的国家不能没有先锋。韩半岛的优秀代表安重根、申采浩、李会荣正是我们永远不能忘记的民族英雄。他们的献身精神与日月同辉, 与山河同在。

申采浩是著名的文学家、历史学家、杰出的社会活动家。他在为了本民族的独立与解放而不幸身陷囹圄, 但却始终没有放弃自己为之奋斗的理想, 他以愤击"天鼓"的情怀, 在旅顺狱中写下大量的史学专著。诠释了一个民族的产生与发展的历程。从而更让人们懂得历史就是一块鞭策人们前进的砥石, 是一面启迪人们智慧的镜子。当然我们还必须清醒地知道, 由于受到环境以及资料掌握的限制, 仅凭记忆所撰述的著作不可避免还是会有一些局限性的。但这丝毫不会影响申采浩在文学、历史学上的地位。

安重根、申采浩、李会荣为了民族独立与自由敢于奋斗的精神, 是值得人们永远去发扬于继承。只有心系民族的复兴与发展, 才是对英雄最好的敬

畏！金月培教授就是韩国民众当下最好的代表。最诚挚的希望金月培教授在弘扬民族精神, 展示英雄风采的艰巨的工作中, 能有更多的作品问世。

2021年 8月 15日

大连市近代史研究所研究员/旅顺 旅顺日俄监狱旧址博物馆 王珍仁

제1장. 참고구려인을 찾다

오늘도 압록강은 흐른다

나는 네 사랑/ 너는 내 사랑/

두 사람 사이로 /칼로 썩 베면 /고우나 고운 /핏덩이가/

줄줄줄 /흘려 내려오리니 /한주먹 덥석 그 피를 쥐어/

韓나라 땅에 /골고루 뿌리리 /떨어지는 곳마다 /꽃이 피어/봄맞이 하리/

1910년 4월 신채호(1890~1936)가 압록강을 건널 때 심정을 뒷날 읊조린
「韓나라 생각」이라는 시이다.

압록강(鴨綠江)은 "물빛이 오리의 머리색과 같아 압록수(鴨淥水)라 불린다."
는 말에서 유래 되었다.『송사(宋史)』에는 "고려가 압록강으로 한계를 삼았

다는 강의 너비가 300보이고, 그 동쪽에는 바닷물이 맑아서 열 길 물속이 내려다보이고, 동남쪽으로는 명주와 바라보며, 물이 다 파랗다[1]"라고 기록되어 있다.

유도순(劉道順, 1904~1938)은 〈압록강 뱃사공〉에서 "이천리 압록강에 에야듸야 노를 저으며 에야듸야……. 가는 이 수심 지니 한숨의 배요, 오는 이 서럽나니 눈물의 배라. 압록강 이천리는 서러운 눈물, 오늘도 슬픔 속에 배를 띄우고"라고 하여 압록강을 넘나드는 애처로운 삶의 일상을 슬픔으로 노래하였다.

이천리 압록강에 노를 저으며
외로이 사는 늙은 뱃사공이오
물 우에 기약 두고 떠나간 사람
눈물로 옷 적시며 건너 주었소

강가에 빨래하는 처녀를 보고
뗏목꾼 하소노래 흘러 넘을 때
설운 소식도 강을 건너며
뱃노래 목이 메는 사공이라오.

－〈압록강 뱃사공〉(1935년) 전문

---

1. 신정일,『신정일의 새로 쓰는 택리지 6 : 북한』, 다음 생각, 2012

압록강은 한국과 중국 동북 지방 사이 국경을 이루면서 서해로 흘러드는 강이다. 백두산을 발원지로 하여 서해로 흘러간다. 길이 803㎞에 이른다. 압록강은 과거, 현재, 미래가 있다. 과거는 중국과의 수많은 전쟁과 교류의 역사가 있고, 현재는 북한과의 분쟁의 상처이다. 미래는 통일 과제이다.

신채호가 압록강을 넘어서자 바로 안둥이 나왔다.

단둥역

단둥시내

압록강을 넘어서면 바로 단둥(丹東)이다. 옛 이름은 안둥(安東)이었으나, 1965년 개명하였으며, 압록강 하구의 신의주 해안에 자리하여 압록강 철교로 연결된다. 원래 작은 마을이었으나 1907년 개항장이 되었고, 1910년 이후 일본의 대륙침탈의 문호로 이용되었다. 단둥은 일본의 식민지 수탈의 상징이었다.

고구려 박작산성[2] 너머로 위화도(威化島)[3]가 보인다. 이곳에서 한 국가의 명운을 가른 사건이 일어났다. 바로 위화도 회군이다. 위화도 회군은 1388년(우왕 14) 5월 랴오둥 정벌에 나선 우군도통사 이성계(1335~1408)가 압록강 하류 위화도에서 군사를 돌이킨 사건이다. 이성계는 위화도 회군을 통하여 권력을 손에 넣었고, 조선 창업의 기반을 구축하게 되었다. 고려와 조선의 갈림길의 역사였다.

신채호는 『신채호 전집』제 7권에 수록된 『룡과 룡의 대격전』[4]에서 "고려가 몽골에게 근 백 년의 압제를 받아 조선 전국의 인심이 아주 유약(懦弱)된 때니 이때에 최영이 요동(遼東)을 차지하려는 계획이 성공되어야 조선의 원기가 회복될 지어늘 불행히 이 씨 태조가 최영을 반대하여 불의에 위화도(威化島)에서 회군(回軍)하여 중국을 침범한 죄로 최영을 죽이매 이 뒤부터 드디어 조선 사람이 다시 중국과 대항할 마음이 나지 못하게 되었으니 이는 조선 4천 년에 처음 있는 대변(大變)이요, 또 이조 사백 년 내의 미약한 장본

---

2. 고구려의 랴오둥 방어기지가 박작산성(후에 중국은 호산산성으로 부르고 있다)에 있었다.
3. 위화도는 평안북도 신의주시 상단리와 하단리 부속섬, 압록강이 운반한 토사로 퇴적되어진 섬이다.
4. 신채호가 집필한 원고들은 중국 톈진에 살고 있던 박용태가 보관하고 있었다고 한다. 신채호 순국 후 유고 뭉치는 중국에서 유전되다가 1950년대 베이징 주재 북한대사관을 통하여 평양에 전달되었다. 북한의 인민대학습당(한국의 국립중앙도서관에 해당)에서 1962년에 발견 정리되어, 신채호 서거 30주년을 기념하여 출간하였다.

인이니 최영의 실패에 대하여 눈물을 흘리지 않은 자는 조선 사람이 아니이니라."라고 기술하였다.

또한 최근의 학자들의 위화도 회군에 대한 평가 역시 박하다. 이윤섭은 『세계속 한국 근대사』에서, 조선의 왕들은 대부분 '위화도 회군 공포증'이라는 희한한 유전병을 가지고 있다고 기술하였다[5]. 사실 위화도는 박작산성 바로 밑의 작은 섬이다. 지금은 북한의 땅이다. 압록강 중앙에 위치하고 있다. 박작산성 정상에 가면 한눈에 내려다보인다. 박작산성 옆으로 보면 불과 10미터 저편에 북한군 경계철조망이 있다.

신채호는 압록강을 넘어가면서 무슨 생각이 들었을까? 신채호가 압록강을 건너던 시기는 압록강 대교가 건립 중이었다. 따라서 신채호는 주롄청(九連城)[6] 지역으로 배를 타고 건넜을 것이다. 주롄청 지역은 조선의 사신 역시

주롄청(청나라 말기)

5. 이윤섭,『세계속 한국 근대사』, 필맥, 2012
6. 중국 라오닝성 단둥 북동 15km 지점에 있는 마을, 의주(義州)의 맞은편에 있는 작은 촌락(村落)이다.

압록강을 건너 중국으로 갈 때 지나는 곳이다.

단둥의 상징인 압록강 대교를 소개한다.

독립운동가들이 수없이 건넌 압록강 대교는, 현재는 남북 분단의 상징이다. 압록강 대교가 압록강 단교가 되었다. 압록강 대교 설치는 청일전쟁[7] 시기였던 1984년 11월 7일 일본 제 1 사령관 야마가타가 주렌청에서 조선정책에 대한 상주문을 작성하면서, 부산-의주 철도 부설이 가장 필요하다고 주장하면서 시작되었다. 부산-의주 간의 도로는 동아시아 대륙에서, 일본이 동양에서 패권을 차지하기 위하여 철도 건설을 주장한 것이다. 압록강 대교는 현재 단둥시 진흥구 강변로 압록강에 접하며 944m에 이른다.

1905년 일본인에 의하여 강에 대교를 설치하기로 확정하였다. 조선총독부 철도국에 의해서 1909년 5월 신의주에서의 건설을 시작으로 1910년 5월, 일

신의주에서 바로본 압록강 대교(사람과 화물을 실어 나르던 나무배와 개폐식 압록강대교)

7. 1894년 청나라와 일본 사이의 전쟁, 조선의 지배권을 놓고 다툰 전쟁이다.

년 만에 단둥에서도 건설을 시작하였다. 1911년 10월 준공되었다. 압록강 대교는 압록강을 지나는 배들을 통과시키기 위하여 다리 중간 부분이 분리되는 구조다. 1950년 11월 미국공군의 폭격에 의하여 현재는 압록강 단교로 남아있다. 지금은 단둥을 찾는 관광객의 필수 코스가 되었다. 압록강 단교의 절반쯤 가면 남쪽의 신의주가 한눈에 보인다. 북한의 모습이 보인다. 손에 잡힐 듯한 관광유람차가 덩그러니 역사의 기억 속에 멈춰져 있다. 단교에

朝鮮無國慶的哀痛

趙洛川

國慶！國慶！
最可恨而可愛的國慶！
怎麼讓中國有紀念！
而不讓我們有呢？
○　　　○　　　○　　　○
我知道了！
我確實知道了！
我們朝鮮的國亡了！
在那帝國主義日本的壓迫着，
使我們在壓迫之下，
而我們不得自由的緣故。
○　　　○　　　○　　　○
我們聞聽着朝鮮人是亡國奴隷！
這個亡國奴隷的名詞！
不好聽而實在最令人心長難過的，
我們不要亡國奴隷的名詞，
便要打倒這個名詞，

조선 망국의 아픔을 담은 글

서 지나가는 중국 관광객들의 배에서는 북한 방향을 향해 셔터를 누르기 바쁘다. 수많은 독립운동가들이 대한독립을 염원하면서 넘나들던 곳이다. 윤봉길(1908~1931)의사, 정정화(1900~1991)여사, 특히 안중근(1879~1910)의사의 하얼빈 의거 당시에도 조선통감부 소노키 스에요시마저 넘나들던 압록강 대교이다.

지금은 남북분단으로 갈라진 한(韓)나라이다. 1910년 동북의 추위가 가시기 전에 신채호 선생은 독립과 광복을 염원하며 압록강을 넘으셨다. 통일의 하나됨을 염원하며 후손들을 물보낌하신다.

중국에서 삶, 약 사(四)반세기 26년이다

한국 근대사에서 신채호(1890~1936)는 인생 노정에서 불요불굴의 독립투사이고 정론의 언론인이며, 불세출의 역사학자이며 교육자, 민족주의적인 애국 문학가였다. 더 나아가서는 가정교육자로도 칭할 수 있다.

신채호는 충남 대전 출생, 호는 단재, 필명 단생, 금협산인, 무애생, 한놈, 연시몽인, 적심 등이 있다. 황성신문 논설위원(1905), 대한매일신문 주필(1907), 가정지 발행인 겸 편집인(1908), 권업신문 주필(1912), 신대한 주필(1919), 서광 주필(1921), 천고 창간(1921) 등 언론인으로 활약했고, 독립협회(1898), 대한 자강회(1907), 국채보상운동(1907), 신민회 결성참여(1907), 칭다오 회의(1910), 광복회 블라디보스토크 부회장(1911), 동제사(1913), 대동독립청년단 단장(1919), 대한민국임시정부 의정원 전원위원회 위원장(1919), 대한독립단 단장(1919), 신대한동맹단 부단장(1919), 통일촉진회(1921), 의열단(1922), 다물단(1923), 관인쓰

(1924), 신간회(1927), 무정부주의 동방연맹(1927) 등 단체의 활동과 밀접한 관련을 가지고 민족 독립운동을 전개하였다. 성균관 입학(1898), 문동학원 강사(1901), 성균관 박사(1905), 상하이 박달학원 교수(1913), 동창학교 교사(1914), 지안답사(1914) 등의 교육활동을 전개했다. 이외에 신채호는 〈무오독립선언서〉 발기인의 일원으로 활동했다. 주요한 역사 저서로 『조선상고사』(종로서원, 1948), 『조선상고문화사』(조선일보사 1931.10.15~12.3, 1932.5.27~31), 『조선사 연구초』(조선도서 주식회사, 1929) 등이 있으며, 문학작품으로 소설 『꿈소설』(1916), 『룡과 룡의 대격전』(1928) 등이 있으며 이외 수많은 정론, 수필이 있다.

　신채호를 지칭하는 말은 연구자의 관점에 따라 여러 가지로 중요하게 논의된다. 이는 신채호의 다양성이기도 하다. 그동안 단재 신채호에 대한 연구는 문학사 연구와 역사 연구, 사상사 연구 등 다양한 성과가 있다. 신채호가 살았던 시기는 20세기에 있어서 동아시아는 전통적인 질서의 붕괴와 새로운 국제관계의 확립, 그리고 일본의 침략으로 정치, 경제, 문화 제 측면에서 복잡한 역사 노정을 걸어 왔다. 일본 제국주의가 동아시아를 식민 통치를 실시하면서부터 중국, 한국 등 제국주의 침략과 문화패권에 대한 저항과 근대적 전환을 함께 일궈내야 하는 다중적 과제에 직면했다. 바로 이러한 역사적 과정에서 신채호는 민족주의, 무정부주의 등 주요한 담론을 통해서 민족을 구하고자 노력했다. 이러한 과정에서 신채호는 중국의 다양한 지역에서 거주하며 사상적 저술과 독립 저항을 하였고 결국에서는 중국에서 순국하였다.

신채호의 중국내 행적은 칭다오(1910)-봉텐(심양, 1913)-백두산과 지안(1913)-상하이(1913)-랴오닝성 환런(1914)-베이징(1914~1919)-상하이(1919)-베이징(1920)-헤이룽장성 수이푼허와 헤이허(1920)-베이징(1920~1928)-톈진(1921,1928)-타이완 지룽항(1928)-다롄(1928~1930)-뤼순(1930~1936)으로 요약될 수 있다. 26년이다. 그러나 정확히는 1911년과 1912년은 블라디보스토크

동북삼성(東北三省) 철도(위만주국시기)

에 거주하였으니, 24년의 중국 생활이다.

대표적인 지역을 중심으로 요약하면 우선, 산동성 칭다오는 신채호가 1910년 4월 8일 산동성 옌타이를 거쳐 칭다오에 도착하여, 칭다오 회의를 통하여 신한민촌과 무관학교 건설에 주력하는 것을 결정하여 한일병합(을사늑약)후 해외독립운동기지 이전과 정착에 주요 역할을 한 곳이다. 두 번째 지역으로는 랴오닝성 환런과 지안 지역이다. 1914년 대종교 교주 윤세복(1881~1960)의 초청으로 환런현 홍도천으로 가서 동창학교 국사 교사로서 1년 간 학생들을 가르치면서 조선사를 저술하였고, 현재 차량으로 두 시간 남짓한 거리에 있는 지안의 고구려 고분을 답사하면서 고구려 문헌을 보완

하였다. 환런은 고구려의 수도로서 주몽과 유리왕이 졸본성(중국명 오녀산성[8])에 수립되었고, 유리왕의 천도로 19대 광개토대왕까지 400여 년의 고구려 2대 수도였던 곳이 지안이었다. 환런의 동창학교는 일본의 방해로 폐교가 되자 춘천의 의병장 윤의순(1860~1935)에 의하여 환런의 보락보진에 동창학교 분교가 건립되었다. 지안에는 광개토대왕비(호태왕비), 장수왕릉과 부묘, 호태왕릉, 5호 고분, 국내성, 국통대혈, 환도산성 등 고구려의 유적이 즐비한 곳이다. 신채호는 고구려의 용맹과 기상을 통하여 망국에 대한 독립의 의지를 더욱 불태웠다.

세 번째는 상하이 지역이다. 1913년 8월 19일 상하이에 도착하여 항저우 도서관에서 『해동 금석원』을 열람하여 중국 역사서를 섭렵하고, 「고금광복기」를 집필하여 〈향강(香江)〉이라는 잡지에 발표하였다. 그리고 동제사[9]에 가입하였다. 또한 12월 17일 박달학원[10]이 설립되자 교수로 임직하면서 상하이 교민 자녀들에게 독립의식을 고취하였다. 그 후 1919년 3월 말에 대한민국 임시정부 수립에 참여하고, 4월 10일 임시의정원 회의에 충청도 대표가 되었다. 4월 11일 역사적인 대한민국 임시정부 탄생에 주역이 되었다. 그러나 8월 18일 이승만을 임시정부의 대통령으로 선출하는 것에 반대하였기 때문에 임시 의정원에서 해임된다. 그 후 10월 28일 『신대한』을 발간하여 대한민국 임시정부의 독립운동 노선을 비판한다. 신채호의 상하이 기간은 교민자녀들에

---

8. 중국 랴오닝성 환런현 오녀산에 있는 고구려 산성, 오녀산은 환런현 동북으로 8.5km 떨어진 산이다. 해발 880m정도, 정상부 남북 1km, 동서 300m인 평탄지역, 중국은 오녀산성 박물관을 운영하고 있다.
9. 동제사는 1912년 7월 상하이에서 신규식, 박은식, 김규식, 홍명희 등이 설립한 독립운동 단체이다.
10. 1913년 상하이 프랑스 조차지에 신규식이 설립한 교육학원. 강사는 박은식, 신채호, 홍명희 등으로 독립운동을 담당할 청년들의 해외유학과 외국어 실력 향상예비 교육기관 기능을 하였다.

게 독립의식의 고취와 대한민국 임시정부 탄생의 주역이자 독립운동 노선과 결별하는 역할을 하게 된다.

　네 번째로 베이징이다. 1919년 대한독립청년단 단장의 역할을 하였고, 1920년 초 『신대한』이 휴간되자 베이징으로 이주하였다. 1921년 1월 중국인과의 항일 연합전선을 형성할 목적으로 순한문잡지 『천고』를 창간하였다. 1921년 4월 19일에는 이승만의 미국 위임통치를 청원하는 것을 반대하면서 위임통치 청원의 무효 〈성토문〉을 작성 공표하였다. 그 후 신채호는 『강역고』, 『인물고』, 『조선사 통론』 등 저술 활동을 하면서 1922년 김원봉의 부탁으로 「조선혁명선언」 집필에 착수하여 민족해방운동의 방법론을 제시한다. 의열단과의 활동을 하면서 행동으로 독립운동을 시행한다. 1923년에는 다물단에 관계하면서 「다물단 선언」을 작성하고 정식적 지주 역할을 한다. 1924년 3월 10일에는 관인쓰에 들어가 승려 생활하다가 연말에 환속을 한다. 1926년 여름을 시작으로 1927년 9월 무정부주의 동방연맹 창립대회가 개최되자, 이필현과 함께 한국 아나키스트 대표로 참가한다. 신채호의 베이징 시기는 중국 내 가장 거주 기간이 길었고, 주요한 역작과 무정부주의 노선의 시기라고 할 수 있다.

　마지막으로 뤼순의 시기이다. 중국 내 1910년부터 1936년까지 약 26년간, 일본의 강제 식민시기 전체를 해외인 블라디보스토크(2년)와 일본 일부, 대부분 중국에서 활약하고 거주했던 신채호는 사상과 행동이 일치하는 저항적 지식인으로 민족운동의 중심으로 우뚝 서는 시기였다. 이는 동일시기 중국내 근대 역사시기와 밀접하게 연관이 되어 있다. 같은 시기의 중국근대사를 보자.

당시 독립운동가 신채호가 중국에서 활동하던 시기의 중국은 중화민국의 성립과 국민당 정부시기 그리고 공산당의 성립과 대장정[11], 서안사변[12]의 역사적 궤적과 같이 한다. 신채호가 1910년 6월 중국 단둥에 오던 그 이듬해 10월 10일 우창(武昌)에서 신해혁명[13]이 일어났다. 12월 25일 손문(1866~1925)이 영국에서 상하이로 돌아와 29일 임시대총통에 뽑혔다. 1912년 2월 12일 선통제(1906~1967) 퇴위로 청조는 역사 속에서 사라졌다. 3월 10일 원세개(1859~1916)는 베이징에서 임시 대총통에 취임한다. 1913년 7월 반원세개운동[14]으로 8월에 손문이 일본에 망명한다. 그해 9월 일본군은 중국 산동에 상륙하여 교주만을 점령하고 바로 11월에는 일본군은 칭다오를 점령하게 된다. 1917년 5월 안휘, 하남, 봉천 등 각성 군벌의 독립선언을 하면서 10년 간 군벌전쟁(남북전쟁 1918~1928년) 돌입하게 된다.

1919년 5월 4일 베이징의 학생들의 항일 시위인 5·4 운동[15]이 일어났다. 1921년 7월 1일 상하이에서 중국 공산당이 결성되어, 제1차 전국대표대회 개최된다. 1923년 2월에는 손문이 광동에서 대원수에 취임한다. 1925년 7월 1일 광동 국민정부가 성립되고, 1926년 11월 국민당 좌파는 무한 천도를 결의한다. 그러나 장개석(1887~1975)은 남창을 주장한다. 1927년 4월 상하이에

---

11. 대장정은 1934년부터 1935년까지 15,000km에 달하는 중국 공산군의 역사적 대행군을 의미한다.
12. 1936년 12월 12일 중국 시안에서 장쉐량(동북군 지휘관)이 장제스를 감금하고, 내전 정치와 항일 투쟁을 호소한 사건.
13. 신해혁명(辛亥革命, 1911) 중국의 민주주의 혁명. 청나라 멸망, 중화민국이 탄생하여 새로운 정치체제인 공화정치의 기초가 이루어졌다.
14. 신해혁명후 1913년 청왕조로부터 권력을 위임받은 원세개에 의해 청왕조가 막을 내리고 들어서는 것으로 제2혁명이라고도 한다.
15. 1919년 5월 4일 중국 베이징 학생들이 일으킨 항일운동, 베이징대학이 운동의 진원지였다.

서 장개석이 반공 쿠데타(4·12쿠데타)를 한다. 그해 10월 모택동(1893~1976)은 장시성 징강산에 혁명근거지를 건설한다. 1928년 4월 북벌을 재개하여, 6월 북벌군은 베이징에 입성한다. 10월 8일 장개석, 국민정부 주석에 취임(1928~1931)한다. 1931년 9월 8일 류탸오거우 사건[16]으로, 9.18 만주사변이 발발한다.

11월 27일 장시성에 중화소비에트 공화국 임시정부(서금정부) 수립한다. 주석은 모택동이 된다. 1932년 4월 서금정부는 대일 선전포고를 한다. 1932년 상하이 사변[17]이 발생한다.

1934년 10월 15일 중국 홍군은 서금을 탈출하여 2년간의 대장정을 개시한다.(1934년 10월~1936년 10월) 1935년 12월 중공, 항일 민족통일전선을 제창한다. 1936년 12월 12일 시안사건이 발발하여 장학량은 장개석을 감금한다. 1937년 7월 7일 루거우차오사건[18]으로 중일전쟁이 시작한다. 그해 9월 23일 제2차 국공합작 성립되고, 11월 국민정부, 충칭천도. 12월 13일 남경함락. 12월 베이징에서 중화민국 임시정부를 성립한다.

이런 중국의 근대사 시기는 신채호 선생의 중국 생활에 직간접적인 영향을 미쳤을 것이다. 아울러 대한민국 임시정부의 역할, 그리고 수많은 한국 독립운동가의 중국내 상황에도 막대한 영향을 주고받았을 것이다.

---

16. 1931년 9월 18일 일본 관동군이 중국 만주를 침략하기 위해 선양지역의 류타오커우에서 자작극을 벌인 사건. 이 사건을 빌미로 일본은 중국은 만주지역을 침략하였다.

17. 1932년과 1937년에 두 차례에 일어난 상하이에서 발생한 중국과 일본 간의 전쟁. 본문에서는 1932년 1월 29일 상하이 사변을 의미한다. 윤봉길 의사의 홍커우 사건으로 정전협정이 성립되었다.

18. 노구교 사건이라고도 한다. 1937년 7월 7일 베이징 남서쪽 루거우차오에서 일어난 중일 전쟁 발단이 된 양국 군대의 충돌 사건이다.

칭다오 임정 회의, 찾아가다

1910년 6월, 중국으로 망명길에 오른 신채호는 신민회 회원들을 중심으로 칭다오에서 칭다오회의를 거친 다음 러시아 블라디보스토크로 간다. 그러나 북만주의 미산(蜜山) 지역을 중심으로 토지를 개간하고 무관학교를 설립하여 인재를 양성하는 등 독립운동기지를 건설하려했던 칭다오회담의 결의는 순탄하게 진행되지 못했다. 이에 블라디보스토크로 합류한 신채호는 『해조신문』의 후신으로 발행하던 『대동공보』에 논설을 집필하기 시작했으며, 1911년 『대양보』가 창간되자 주필을 맡아 본격적으로 연해주 독립운동을 전개하였다.

한국에서 가까운 거리에 위치한 중국 칭다오는 우리에게 익숙한 곳이다. 산둥반도는 역사적으로 중국의 해상교역 중심지로 번창한 곳인데, 칭다오는 작은 어촌이었다.

제국주의 열강이 중국(청나라)으로 진출할 때 당시 독일제국은 칭다오에 주목했다. 1897년 11월 1일 독일은 선교사 2명의 피살사건을 구실로 삼아 함대를 보내 산둥반도를 점령했다.

건설하려 했던 칭다오회담의 결의는 이 일로 인해 중국은 독일과 조약을 맺고 칭다오를 1898년부터 99년 동안 조차지로 할양했다. 독일은 칭다오를 해양군사지역으로 만들기 위해 현대식으로 항만과 철도를 건설했다.

독일이 조차한 곳은 교주만(膠州灣)이었는데, 독일어 발음으로 키아우초우(Kiautschou)라고 한다. 독일이 임차한 기간은 99년이었으나 실제 1914년까지만 점령했다. 독일제국이 제1차 세계대전에서 패전했기 때문이다. 이후 일본이 이곳을 점령한 후 1922년 워싱턴 회의[19]의 결과로 중국에 일단 반환되었다.

칭다오는 역사적으로 근현대 무대에 등장하면서 독일과 많은 관련을 맺었기 때문에 독일이 남긴 유산들이 아직도 남아 있다. 칭다오의 구시가지를 걷다보면 독일과 같은 유럽 분위기가 나는 이유다. 칭다오맥주 역시 독일이 이곳을 조차하던 시기부터 만들어지던 것이다. 칭다오에서 독일 영빈관, 소어

칭다오 맥주 박물관

19. 1921년 11월 12일부터 1922년 2월 6일까지 미국 워싱턴에서 열린 국제회의. 동아시아 문제를 해결하고 위해 9개국이 참가하였다. 일본이 산둥성 이권을 중국에 되돌려 줄 것을 주요 내용으로 한다.

산 공원, 신호산 공원, 잔교, 천주당 등은 비교적 가까운 거리에 위치해 있다. 하루 정도면 둘러볼 수 있다.

영빈관은 1907년에 완공된 건물인데, 독일을 오롯이 느낄 수 있다. 처음에는 독일 총독의 관저로 쓰이다가 1922년 이후부터는 귀빈을 대접하는 곳으로 바뀌었다. 영빈관이라고 불리는 이유가 여기에 있다. 일제 때는 일본군 사령부로 활용되다가 1994년까지 칭다오 시청으로 사용되었다. 언덕 중턱에 위치해 있는 이곳은 말 그대로 화려한 저택이기 때문에 지금도 관광객들이 붐빈다. 4층 건물인데 거실, 객실, 식당 등으로 나뉜 건물 내부에는 고급 가구와 화려한 인테리어가 인상적이다. 건물 안에서 무도회가 열릴 정도로 큰 규모를 자랑한다. 이 중에서 건물 관리인들이 사용했다는 욕실은 지금도 쓰일 수 있을 것 같을 정도로 현대적이다.

신호산공원은 꼭대기에 빨간색 동그란 건물이 인상적인 곳으로 칭다오 구시가지를 한 번에 내려 볼 수 있다. 그리 높지는 않은 곳으로 1897년 독일이 처음으로 무선기지국을 설치하였다. 칭다오 앞바다의 배들에 무선 신호를 보냈기 때문에 신호산(信號山)으로 불린다. 이 신호산공원을 가는 길목에 영빈관이 위치해 있어 중간에 영빈관이 내려다보인다. 사람들은 그리 많지 않아 여느 중국의 공원처럼 산책로와 같은 느낌을 준다. 신호산 정상에 도착하면 빨간색 전망대가 있다. 이곳에 들어가서 의자에 앉으면 건물 바닥이 회전을 한다. 천천히 칭다오의 풍경을 감상할 수 있는데, 요즘은 운영을 하지 않는다. 여기서는 교주만, 잔교, 특히 빨간 지붕에 연노란색 건물들이 보인다. 칭다오가 중국 속의 작은 유럽으로 불리는 이유를 알 수 있다.

소어산공원은 과거 칭다오에서 어부들이 그물과 생선을 말리던 곳이다. 1984년에 중국에서 공원으로 만들었고, 해발 60m 정도의 그리 높지 않다. 이곳은 독일이 조차할 때와는 크게 관련이 없으나 정상 누각에서 해수욕장과 잔치아오가 내려다보인다. 유럽식 건물 역시 충분히 느낄 수 있다.

신호산공원에서 본 잔치아오(棧橋)

신호산 공원에서 본 칭다오

신민회는 1907년 애국계몽운동기에 개화 자강파들이 국권회복을 목적으로 만든 전국 규모의 비밀결사이다. 일제가 1907년 7월에 대한제국 군대를 강제 해산한 후에 신민회에서는 국외에 독립운동기지를 건설하고 무관학교를 설립하는 문제, 서·북간도 및 연해주에 집단이주 계획 등에 대해 논의하였다. 1909년 초반부터 해외에 무관학교를 설립하고 독립군기지를 창건하는 문제에 대해 본격적으로 논의하기 시작하였는데, 이는 국내의 의병운동이 퇴조기에 들어간 것과 관련이 깊다. 그들은 양기탁(1871~1938)의 집에서 전국 간부회의를 열고, 적당한 지역을 선정하여 무관학교를 설립하고 독립군기지를 세워 해외에 독립군을 키우기로 결정하였다.

그러나 1909년 10월에 안중근 의사가 이토 히로부미(1841~1909)를 주살한 후에 신민회의 활동은 점차 위축되기 시작하였다. 일제는 이 사건과 관련된 혐의로 안창호(1878~1938)·이동휘(1873~1935)·이종호(1885~1932) 등과 같은 신민회 간부들을 구속하였다. 이들은 1910년 2월이 되어서야 석방되었다. 이에 신민회의 간부들은 국외에 무관학교를 설립하기 위해 중국의 칭다오에서 회의를 개최하기로 결정하였다. 이때가 1910년 4월이었다.

칭다오로 망명하는 도중에 신채호는 정주(定州)에 있는 오산학교(五山學校)에 들러서 20여 일을 머물렀다. 오산학교는 1907년 12월에 이승훈(李昇薰, 1864~1930)이 민족정신의 고취와 인재양성에 뜻을 두어 설립한 학교였다. 당시 교육을 맡았던 지도교사에는 여준(呂準, 1862~1932)·윤기섭(尹琦燮, 1887~1959)·유영모(柳永模, 1890~1981)·이광수(李光洙, 1892~1950)·김억(金億, 1896~?) 등이 있었고, 조만식(曺晩植, 1883~1950)·유영모(1890~1981)·주기용(朱基瑢,

1897~1966) 등 많은 애국지사들이 교장으로서 운영을 맡았다. 학교 출신인 중 주요 인물로는 김소월(1902~1934)이 있다.

신채호가 오산학교에 가게 된 것은 신민회에서 같이 활동을 했었던 여준과의 인연 때문이었다. 여준은 신채호보다 15살 정도 나이가 많았는데, 그가 서울 상동청년학원(尙洞靑年學院)[20]에서 근무를 하던 무렵부터 친교를 맺고 있었다. 신채호가 오산학교에 도착하자 교사와 학생들이 그를 맞아 환영회를 베풀어 주었다. 이광수는 "그때 단재(丹齋) 신채호는 『대한매일신보(大韓每日申報)』주필(主筆)로 문명(文名)이 높았음으로 오산(五山)에서는 직원(職員), 학생이 합하여 단재의 환영회(歡迎會)를 열었다. 그때 단재를 소개하고 그의 약력(略歷)을 술(述)한 이가 지금은 고인(故人)이 된 시당(時堂) 여준(呂準)씨요. 나는 그를 환영(歡迎)하는 인사를 하였다"라고 하여 당시 상황을 기록했다. 또한 다음과 같이 신채호 환영식 장면을 기록하였다.

'단상(壇上)에 앉은 단재(丹齋)는 하얀 얼굴에 코밑에 까만 수염이 약간 난 극히 초라한 샌님이었다. 머리는 빡빡 깎고 또 그 머리가 끝이 뾰족하게 생겨서 풍채(風采)가 그리 좋은 편은 아니었다. 동정에 때 묻은 검은 무명 두루마기를 고름도 아무렇게나 매고 섬은 꾸기고 때 묻은 조선버선에 미투리를 신고 오직 비범(非凡)한 것은 그의 눈이었다. 아무의 말도 아니 듣고 아무 것도 두려워하지 아니한다는 그러한 이상(異常)한 빛을 가진 눈이었다.

환영(歡迎)한 학생들의 노래가 있고, 소개(紹介)와 약력(略歷)의 설명(說明)이 있고,

---

20. 1904년 신교육운동과 교육 구국의 일환으로 서울에 세운 학교.

극히 그 덕(德)과 공(功)을 찬양(讚揚)하는 환영사가 있고 한 뒤에 주석(主席)이 답사(答辭)를 청할 때에 단재는 스르르 의자에 일어나서 그 눈으로 회중(會衆)을 한번 둘러보고는 일언거사(一言擧辭)도 없었다. 그것이 단재적(丹齋的)이었다'.(전집, 이광수, 「脫出 途中의 丹齋 印象」)

신채호는 『대한매일신보』[21]의 주필로 있었기 때문에 학생들에게 선망의 대상이었다. 더구나 신채호가 『대한매일신보』의 주필로 있을 당시 유일한 반일신문이었기 때문에 오산학교의 학생들은 그가 단상에서 무슨 연설을 할지 기대를 하고 있었을 것이다. 그러나 위의 기록에서 볼 수 있는 것과 같이 신채호는 환영식에서 한 마디의 말도 하지 않았다. 이광수는 이러한 모습을 '단재적(丹齋的)'이라는 말로 표현했다.

오산학교에서 머물던 신채호는 배를 타고 의주를 거쳐서 압록강을 건넜다.

그렇다면 신채호는 언제 칭다오에 도착했을까. 정영도(鄭英道, 1895~1965. 정남수 鄭南水로 개명)의 회고에 의하면 신채호는 2월 1일(음력, 양력 3월 11일) 밤에 안창호, 정영도, 김지간과 함께 서울을 떠났다.[22] 그는 정영도를 따라 행주나루터

---

21. 『대한매일신보』는 1904년에 창간되어 국권피탈 때까지 발간되었던 대표적인 항일 언론이다. 영국인 배설(裵說, 베델:Ernest Thomas Bethell)이 양기탁(梁起鐸) 등 민족진영 인사들의 도움으로 창간된 이 일간신문은 일제 침략 행위를 비판하고 민족운동을 소개하였다.

22. 1910년 2월 1일이다. 이른 아침에 도산(島山) 선생은 정영도(鄭英道)에게 "누가 자기를 찾으면 영도사에 소풍 가셨다고 답하라. 밤 9시경에 신채호(申采浩) 박사(博士)와 김지간(金志侃) 씨를 차례로 인도하여 천연동(天然洞) 서경조(徐景祚) 목사댁으로 오라." 고 부탁하고 인력거를 타고 떠나 종적을 감추기 위하여 이곳저곳에서 인력거를 갈아타고 진일(盡日)토록 서울 일판을 편답 후 밤 10시경에 서경조 목사 댁으로 가셨다. 황해도 장연(長淵) 송촌(松村) 서상륜(徐相崙) 씨의 풍범선(風帆船)의 사무원의 인도로 서목사 댁을 떠나 행주에 내리고 기다리는 서상륜 씨의 풍범선을 향하여 떠났다. 행주항 길을 잃고 애쓰다 할 수 없이 산중송하(山中松下)에 앉아 밝기를 기다렸다. 아침에 행로(行路)를 정돈하니 어떤 살막집 가까운 곳에 앉아서 기다렸고 단지 서울서 15리 밖인 산중(山中)에 섰다. 다행히 왜적에게 붙들리지 아니 하였다.(전집,「鄭英道(鄭南水)의 證言錄」(『島山安昌浩全集』5|| 2000년)

32

를 출발하였다. 도중에 신채호는 김지간과 기차를 이용하여 중국으로 가기로 하였다.[23] 이는 신채호가 뱃멀미에 시달렸기 때문이었다. 신채호와 행로를 달리 한 안창호는 배편으로 3월 중순 이후에 옌타이에 도착하여 톈진, 베이징을 경유해서 칭다오에 이르렀다. 옌타이에서 톈진까지는 똑딱선을 타고, 톈진에서 칭다오까지는 기차를 이용했다. 안창호는 칭다오회담이 끝난 후 1910년 4월 하순에 러시아령 해삼위(블라디보스토크)로 떠났다.

이갑(李甲, 1877~1917)은 이종호·이종만 형제와 더불어 서울역에서 기차를 타고 의주(義州)로 향했다. 이때가 1910년, 음력으로는 2월 달, 양력 4월 8일이었다. 그는 안둥현(단둥), 봉황성, 봉천(선양, 瀋陽), 톈진을 거쳐서 칭다오에 도착하였다. 기록을 종합하면 이갑은 4월 18일 경에 칭다오에 도착한 것으로 추정할 수 있다.[24] 칭다오 회담이 종료된 후 이갑은 블라디보스토크로 들어가기 위해 현상건(玄尙健, 1875~1926)을 만났다. 입경증(入境證)을 얻고, 다른 일도 있었기 때문이었다. 이때가 고국을 떠난 지 한 달 정도 되었을 무렵이었다.

위에서 살펴본 기록을 참고하면 안창호와 이갑은 각각 3월 11일과 4월 8일에 고국을 떠나 칭다오로 향했다. 신채호가 칭다오에 도착했을 때와 칭다오 회담이 열린 날짜[25]를 정확하게 말할 수는 없지만 신민회 간부들은 일제

---

23. 이갑의 딸인 이정희는 강화도 인근 교동에서 신채호는 배에서 내리고, 정남수는 개성으로 들어갔다고 하였다.
24. 이갑이 고국을 떠나 칭다오로 가는 도중에 톈진에서 수상한 일인(日人)이 자전거를 타고 여관 주위를 배회하는 것을 보고 러시아 영사관에 보호 요청을 하였다. 이때가 '한국을 탈출한 지 4~5일 되었을 때'라고 하였다. 톈진에서 2일 동안 체류한 후 칭다오에 도착하였다. 칭다오에 도착한 다음날 화사겸(和士謙) 목사를 만났을 때 '10여 일 전에 조국을 탈출'했다고 하였다. 이로 이갑은 미루어 보면 4월 18일 경에 도착하였다고 볼 수 있다. (전집,「아버지 秋汀 李甲」,『流浪數萬里』, 1981)
25. 이갑이 4월 18일 경에 칭다오에 도착했고, '1910년 첫 여름'에 칭다오 회담이 열렸다. 애국지사들의 토론은 1주일 이상 계속 되었고, 4월 하순에는 회담이 끝나 블라디보스토크를 향해 출발하는 일정에 있었다.

칭다오역

의 통치력이 미치지 못하는 만주 일대에 독립군기지를 설치하고, 토지를 구입하여 신한민촌(新韓民村)[26]을 건설하기로 결정하였다. 또한 독립군사관과 이주 애국 청년들을 중심으로 독립군을 창건한 후에 독립군이 양성되면 최적의 기회를 잡아 독립전쟁을 일으켜 국내에 진입하기로 하였다.

정영도의 회고록에 따르면 안창호·이갑·이종호·신채호·유동열·김영·김지간·서초·이종만·정영도 등이 외국으로 탈출한 후 처음으로 칭다오에 모여서 회담을 하였다고 한다. 이 회담은 2·3차 회담이었으나 본국에서 떠날 때 운동의 재정(財政) 책임을 지기로 약속한 이종호(李鐘浩)의 변심으로 낙관의 회담이 되지 못하고, 러시아령 블라디보스토크로 가서 다시 회담을 열어 상의하자는 결정뿐이었다고 한다.

---

26. 신한민촌은 후에 서간도 지린성 통화시 삼원보, 신흥강습소에 건립하였디.

이정희의 회고에 따르면 칭다오 회담은 처음부터 의견이 대립되어 크게 두 갈래로 날카롭게 나뉘었다고 한다. 이동휘는 "나라가 망한 이때에 산업은 다 무엇이고, 교육은 다 무엇이겠소. 둘이 모이면 둘이 나가 죽고, 셋이 모이면 당장 셋이 나가 싸웁시다. 싸우다 죽으면 그것이 곧 사는 길이 아니겠소"라는 주장을 하였고, 안창호는 "우선 우리는 북간도·노령(러시아)·미주(미국) 등지에 체류하는 동포들의 산업을 진흥시키고 교육을 보급시켜서, 좋은 기회가 오면 큰 힘을 낼 수 있도록 준비 공작부터 서둘러 해야 할 줄 압니다"라고 하였다. 이렇듯 당장 만주에서 광복군을 조직하여 일본과 전쟁을 하자는 급진론과 동포를 조직하고 훈련하여 실력을 양성하면서 기회를 엿보자는 점진론의 팽팽한 대립으로 회담이 진행되었다.

회담에서 격론이 이어진 끝에 이갑의 중재로 우선 지린성(吉林省) 미산현(密山縣:현재는 헤이룽장성)에 사관학교 설립을 비롯하여 모든 독립운동의 기지(基地)를 마련하기로 합의를 볼 수 있었다. 이곳의 교원으로 이강을 비롯하여 유동열(柳東說, 1879~1950)·김희선(金義善, 1875~1950)·김지간(金志侃)·신채호 등이 결정되었다. 이러한 결정이 내려지기까지 1주일 이상이 소요되었다.

블라디보스토크에서 지속된 회담에 대해 정영도는 "도산(島山)·추정(秋汀) 두 선생이 해삼위(블라디보스토크)에 도착 후 회담이 있었으나, 이종호 씨가 독자적으로 행동하기로 결정하고 운동에 쓰기로 약속한 재정 전부(全部)를 거절하였다. 그래서 망명하여 달아나 온 각 동지들의 기대는 다 수포가 되고 말았다"라고 하였다. 이종호의 조부 이용익(李容翊, 1854~1907)이 탁지대신 때에 탁지부 재정 중 거액을 상하이와 러시아 등지에 저금하였는데, 이종호가 이 재정을 바탕으로 하여 독립운동 준비에 쓴다고 약속을 하였었다. 그러나 이종호가 변심하였기 때문에 칭다오 회담은 결국 수포로 돌아가고, 이후에 신민회의 동지들은 각 지역으로 흩어졌다.

신채호는 동지들과 함께 칭다오에서 기선을 타고 블라디보스토크로 떠났다. 칭다오회담 후에 많은 사람들이 블라디보스토크로 가게 된 것은 당시 그곳에 신한촌[27]이 있었고, 해외 독립운동의 기지 역할을 하고 있었기 때문이었다.

칭다오는 당시 중국에서 독일의 중요한 군사기지였기 때문에 독일식의 시가지와 건물들이 세워졌었다. 신민회의 간부들이 칭다오에 모인 것은 독일의 조차지였기 때문에 비교적 안전한 편이었고, 교통의 요지였기 때문이었다. 김삼웅은 『단재 신채호 평전』에서 "1914년 제1차 세계대전이 일어나면서 일본이 러시아 등과 동맹관계를 맺고 국제연맹[28]에 가담했을 때 한국 독립운동가들은 무조건 일본의 적대국인 독일을 도와 대일(對日) 전쟁에 참전하려고도 하였다. 그리고 만주 지역을 개척하여 한국인의 근거지로 하고 이곳 칭다오를 한국 독립운동의 정치적 근거지로 삼고자 하였던 것 같다"라고 하였다. 그러나 아직까지 칭다오 회담이 열린 정확한 장소를 찾지 못하고 있다. 저자는 '칭다오 임정 회의'라고 칭했다. 그 지역을 찾아 고증해 본다. 이갑, 안창호, 이종호 등이 한국을 떠나 칭다오를 향한 후에 일제는 이들의 소재를 파악하기 위해 추적하였다. 국사편찬위원회의 한국사데이터베이스의 기

---

27. 신한촌은 1911년 봄부터 블라디보스토크에 세원진 한인집단거주지. 신 개척리라고도 한다. 1914년 이전까지 국외독립운동의 중추역할을 했다.
28. 제 1차 세계대전 이후 1920년 미국 윌슨 대통령의 제안으로 만들어진 스위스 제네바에 세워진 국제 평화기구, 국제연합의 전신

록을 검토하면 1910년 5월 16일부터 이갑 등의 소재를 조사했음을 알 수

있다. 일제가 남긴 기밀 중에 칭다오 회담에 참석한 신민회 간부들이 머문

지역으로 추정할 수 있는 기록이 있다.[29] 이 기록에 나온 '膠州灣大包島街'

는 현재 칭다오 남쪽에 위치한 거리이다. '다바오다오(大包島)'는 '大鮑島'라

고도 하는데, 독일이 칭다오를 조차한 후에 중국인들이 옮겨가서 살던 지역

이다.[30]

독일은 칭다오를 조차한 후에 울타리를 치고, 그곳에 살고 있던 중국인들

을 몰아내었다. 독일인들이 사는 곳에는 서양식 집이 들어섰고, 지금 칭다오

에서 볼 수 있는 유럽풍 건물들이 그것이다. 당연히 원래 그곳에 살던 중국

---

29. 국사편찬위원회 한국사데이터베이스, 靑島在留ノ韓國人擧動ニ關スル件, 明治四十三年六月十三日
   (1910년 6월 13일), 별지(別紙)에 다음과 같은 기록이 있다.
   [韓國人 調査結果 回報]
   韓國人李甲等所ヲ晦マシタル處近來膠州灣ニ於テ同人等新聞事業ヲ起サントスルノ形迹アルヲ以テ內
   査去五月三十日付機密統發——二三號ヲ以テ御照會ノ趣モ承當管內韓國人擧動ニ付テハ兼テ注意ヲ
   怠ラス居候處去四月末膠州灣大包島街ニ韓人五六名居住ノ報ニ接シタルヲ以テ過般偵察ノ爲メ太田大尉
   ヲ當地方ニ派遣セラレタル事情モ有之旁在靑島本邦人金瀧耕壹氏ニ依囑シテ右韓國人ノ人相及擧動等
   內査セシメ置候處折柄韓國內部新庄順貞氏並ニ榊原憲兵隊長ヨリ本件ニ關シ內偵方依賴有之既ニ一
   應夫ニ回答ヲ置キ次第二有ノ候抑モ本人等ハ最初上海及大連方面ヨリ二三人ツヽ來リテ膠州灣ニ落合
   ヒ前記大包島街貸家ノ二階ヲ借リテ旣ニ數ヶ月分ノ家賃ヲ前拂ヒシ當初ハ何事モ爲スコトナク二三人ツ
   ヽ打連レ外出散步セシカ其風彩生活狀態ヲ普通韓人ト認メ難ク執レモ洋服ヲ着シテ中ニハ英語若クハ日
   本語ヲ語ル者モ有之由ニテ多分李甲等ノ一派ト推定致候得共何分彼等ハ自己ノ何物タルヲ晦マサントス
   ルノ風アルヨリ確認難致御申越候人相等ノ照スモ其要領ヲ得難ク候處膠州灣ニ在ル本邦寫眞師ハ彼等カ
   米國ニ滯留セル際撮影シタル寫眞ヲ手ニ入レ之ヲ複寫シタル旨ヲ以テ別紙寫眞四葉送リ越候右四名ハ確
   カニ同地ニ居住スルモノニテ多分其內ハ李甲・李鐘浩モアルヘシトノ趣ニ候同人等ハ最初五六名ニ過キ
   サリシモ漸次增加シテ目下十三四名ニモ相成便船每ニ增加スルノ模樣アル由ニ有之其名前トシテ傳フル
   所ニヨレハ李和實・柳一・金効信・金榮・安昌浩・柳東祖等有之候者共時々變更致居候
   又彼等ハ淸獨兩語ヲ硏究スルト共ニ排日主義新聞紙ヲ靑島ニ於テ發行セントスルノ計劃ヲ有シタルモ獨
   逸政廳ノ知ル所トナリ忠告ヲ與ヘ中止セシメタル趣ニ有之候處其後當報牒報者ヨリノ電報ニ依レハ右計
   劃ハ愈近々發行スルコトニ確定セル趣ニ有之候彼等ノ內ニハ靑島ハ獨逸領ナルヲ以テ自分等ハ獨逸ノ保
   護ヲ受ケ日本ノ力ニ屈セラルヽコトナシト公言シ居ルヤニ候モヒシ又獨逸政廳ニ於テハ領地ニ在留本邦
   人ニ對シ彼等ノ行動ニ關シテハ嚴密ナル注意ヲ拂ヒ決シテ不穩ナル擧動ヲ爲サシメスト語リタル由ナレト
   モ一方ニハ獨逸官憲ハ暗ニ彼等ヲ庇護スルニハアラスヤト臆測致居候向モ有之候右今日迄取調之成行
   不取敢及御回報候 敬具

30. 1898年3月6日,《膠澳租借條約》簽訂, "德國人來了以後, 斬荊除棘, 便在這個區域以內, 把居住在這裏的
   土著, 盡行驅逐出去, 要建西式房子, 不許造中國式房子。原來住在這個膠州海灣的山東人, 都移到壹個喚
   作大包島("大鮑島")的地方去, 是喧賓奪主了。(包天笑《釧影樓回憶錄》)"1899年那場瘟疫過後, 大鮑島
   開始以中國城的形態付諸實踐。1900年初, 海泊路初, 先整理出壹段可通人之路, 再鋪壹路軌, 以輸運土
   石。劈山碎石, 此後所有的改變均生發於此, 壹條又壹條巷路先後築就 成 有機社區的所在地。它標誌著壹
   個開端, 壹個由傳統村落邁向現代商業街區的開端。

1913년 칭다오 중심구역 및 다바오다오 지역

인들은 다바오다오로 밀려나서 살게 되었다.

칭다오에 모인 신민회 간부들은 다바오다오에 머문 듯하다. 이곳은 현재 관광객들이 즐겨 찾는 피차이위엔(劈柴院) 부근이다. 피차이위엔 맞은편 건물 2층에는 '다바오다오 박물관'이 있었다는데, 지금은 운영하지 않고 있다. 다만 박물관이 있는 2층으로 가는 계단에 사진들이 남아 있어 당시를 짐작할 수 있다.

지금 이곳은 재개발이 한창 진행되고 있다.

잔치아오(栈桥)부터 피차이위엔에 이르는 도로를 따라 멋진 건물과 고급상점들이 늘어서 있었는데, 지금은 문을 닫은 곳이 많다. 이 건물들 사이로 난 길을 따라 안쪽으로 들어가면 중국인들이 실제 생활하는 공간들이 있다. 지금 이곳을 새로운 명소로 바꾸기 위해 개발하는 중이다. 이곳에 사는 사람들에게 물어봐도 100년 전 칭다오 회담을 위해 모인 신민회 간부들의 흔적에 대해 애석하게도, 아직까지는 아는 사람이 없었다.

다바오다오 일대인 톈진루

진리의 땅, 환런(桓仁)을 가다

단둥을 거쳐, 환런[31] 만족 자치현(桓仁满族自治縣)에 이르는 길은 아름다움과 험난함이 혼재한다.

압록강을 옆에 두고 고구려 산성인 박작산성이 자리잡고 있다. 중국에서는 호산장성이라고 부른다. 물이 풍부하다는 수풍(水豊)댐[32]에 이르는 길은 복숭아꽃이 절경이다. 복숭아 꽃이 피는 시기가 되면, 중국 드라마 촬영도 자주 본다. 혼강(渾江) 하류에 이르면 꺾어 지른 절벽을 지나 위험천만한 낭떠러지가 보인다. 다시금 깊은 산속으로 접어들었다. 저 멀리 보인다. 아! 졸본성(卒本城)이 보인다. 드디어 고구려(高句麗)[33]다. 졸본성을 중국에서는 오녀산성

---

31. 환런(桓因), '桓'은 '한'이고, '因'은 '임(님)'이다. 한은 신의 이름, 사람의 칭호, 족의 칭호, 위호(位號), 나라이름, 땅이름, 산이름 등에 사용되어 지고 최고 · 진리 · 완전 · 광명(태양)의 뜻을 가지고 있다.
32. 평안북도 삭주군에 있는 수력 발전소, 단동에서 180km 북쪽에 떨어져 있다.
33. B.C. 108년부터 A.D. 668년에 이르는 국가로서, 삼국시대 대부분 걸쳐있다. 고구려는 한국인의 형성에 큰 축 역할을 했다.

피차이위엔

「다바오다오 박물관 건물

이라 부른다. 고구려 첫 도읍지 산성으로, 중국 랴오닝성 번시시 환런현에 위치하고 있다. 졸본성은 고구려의 첫 도읍지 산성으로 비정된다. 광개토대왕비(廣開土大王碑)[34]에는 '추모왕(鄒牟王)'이 비류곡(沸流谷)의 홀본(忽本) 서쪽의 산 위에 성을 쌓고 도읍을 정하였다고 하였는데, 졸본성은 추모(주몽)왕이 홀본 서쪽의 산 위에 쌓은 산성이다[35]. 환런의 중심에 우뚝한 기상이다. 졸본성을 오르다 보면, 주차장 부근에 오녀성 박물관이

다바오다오 박물관 입구

있다. 2008년에 오녀성 박물관을 건립하였다. 환런현 '성북에서' 3km 정도에 위치하고 있다. 주로 고구려 유물을 소장 전시하고 있다. 중국에서는 졸본성을 지안 고구려 유적과 같이 세계문화유산으로 등록하였다.

진리의 땅, 환런이다. 신채호의 행적은 1914년에 환런에서 만날 수 있다. '동창학교(東昌學校)'의 국사 교사로 재직하였다. 동창학교는 1911년에 세워진 민족의식을 고취한 민족계 학교이다. 1911년 만주 환런현(桓仁縣) 성내(城內)에 이주한 대종교인 윤세용(尹世茸)·윤세복(尹世復) 형제가 동지를 규합하여 민족

---

34. 고구려 19대 광개토대왕의 업적을 기리기 위해, 아들인 20대 장수왕이 414년에 지안에 세운 비석이다.
35. 고구려 초 수도는『삼국사기』〈고구려본기〉에는 '졸본'이라고 하였으며, 광개토왕릉비문에는 홀본(忽本),『위서(魏書)』〈고구려전〉에는 '흘승골성(紇升骨城)'으로 기재되어 있다.

다바오다오 거리

다바오다오 거리 재개발

의식을 고취하기 위하여 설립하였다. 신채호는 1914년 초 환런으로 이주하였다. 밀양 출신의 독립운동가 윤세용, 윤세복 형제가 1912년 환런에 문을 열었던 동창학교의 교사로 초빙한 것이다.

동창학교는 대종교에 깊숙이 관여했던 이들 형제의 영향으로 단군사상을 민족사의 정통으로 삼은 교과서를 만들기도 하였으며 역사, 국어, 한문, 지리 등을 가르쳤다. 1911년 음력 5월에 동창학교를 개교하였다. 우리나라의 무궁한 발전과 국권 회복을 기약한다는 취지에서 학교 이름을 '동창(東昌)'이라 정하였다. 교사에는 박은식(朴殷植, 1859~1925), 신채호(申采浩)등 7~8명이 있었다. 학생은 100여 명으로 대부분 일제에 의하여 나라를 잃어버린 이주 동포의 자제들이었다. 교내에 기숙사도 설치했다. 이러한 학교에 대한 일본의 집요한 방해 공작이 펼쳐졌는데, 동창학교는 결국 1914년 말 폐교된다. 4년제 학교였기 때문에 개교 3년 만에 폐교된 동창학교는 단 한 명의 졸업생도 배출하지 못한 채 교사와 학생들이 모두 환런을 떠나고 말았다. 역사를 가르쳤던 신채호는 『조선사』를 집필하여 교재로 사용했다. 그런데 애석하게도 『조선사』는 전하지 않는다.

신채호의 시 무제(無題)에는 "1914년 단오에 환런현에서 이탁(1889~1930), 윤세용 등과 함께 시를 한 편씩 짓다"라는 부제가 달려있다. 신채호는 이때부터 베이징으로 옮겨가는 겨울까지 동창학교에 재직하면서 고구려의 첫 번째 도읍지였던 환런을 비롯하여 지안과 백두산 일대의 역사유적을 꼼꼼히 답사한다. 이 무렵 안희제(1885~1943), 남형우(1875~1943), 서상일(1887~1962) 등이 단둥에서 재조직하여 신채호를 단장으로 추대했던 대동청년단[36] 단원들과 밀접한 관계를 맺었는데, 이 대동청년단 단원들이 신채호와 함께 광개토대왕릉을 비롯하여 만주 일대 답사를 함께 했다.

---

36. 1909년 서울에서 조직된 독립운동 단체로서 신민회의 이념을 이어 받아 국권회복을 목적으로 한다.

신채호는 동창학교에 재직하면서, 늘 고구려의 첫 수도 환런, 졸본성, 지안을 즐겨 찾았다. 고구려를 찾은 것이다.『신채호 전집』1권,〈고구려의 흥망〉편을 보면, 신채호의 고구려 기록이 나온다.

鄒牟王의 高句麗 建國, 高句麗 始祖 鄒牟(추모)[或作 朱蒙(주몽)]는 天生의 勇力과 射藝를 가지고 寡婦 召西努(소서노)의 財産을 據하여 雄傑을 招致하며, 巧妙히 王儉 以來의 神話를 利用하여 天卵에서 降生하다 自稱하여, 高句麗를 建國할 뿐 아니라 內로 列國의 信仰을 받아 精神的으로 朝鮮을 統一하며, 外로 그 奇行異蹟의 談을 支那(중국) 各地에 傳播하여 그 帝王과 人民들이 敎主로 崇拜함에 이른 고로, 新羅 文武王은「立功南海 積德北山」의 贊을 올리며, 支那(중국) 二千年來 唯一한 孔子(공자) 反對者인 東漢學者 王充(왕충)이 그 事蹟을 記載함에 이르렀다.『三國史記』「高句麗本紀」로 보면 기원전 五十八年이 出生의 年이요 紀元前 三十七年이 그 卽位의 年이지만, 이는 消滅된 年代라 不足據요. 鄒牟(추모)가 곧 解慕漱(해모수)의 아들인즉 紀元前 二百年頃 東北 夫餘 分立하던 때가 出生한 때일 것이며 衛滿(위만)과 同時일 것이니라.

추모왕(고구려 건국신화에 있는 추모왕(제1대왕)의 고구려 건국 부분이다. 우리는 주몽이라고 부른다. 주몽은 기원전 58년에 출생하여, 해모수의 아들이라 기록하고 있다.) **37**

---

37. 처음에 아리라(松花江)의 附近에 어떤 長者가 柳花(유화)·萱花(훤화)·葦花(위화)의 三女를 두었는데 다 絶代의 美人이요 柳花(유화)가 더욱 奇麗하더니, 北扶餘 王 解慕漱(해모수)가 出遊하다가 柳花(유화)를 보고 驚愛하여 野合하여 아이를 배었다. 아이를 배었지만 이때에 王室은 豪族과 結婚하고 庶民과 하지 아니하므로 解慕漱(해모수)가 그 뒤에 柳花(유화)를 돌아보지 아니하였으며, 庶民은 庶民과 結婚하나 男子가 반드시 女子의 父母에게 가서 幣帛을 드리고 사위됨을 再乞 三乞한 뒤에 그 父母의 許諾을 얻어 結婚하며, 그 結婚한 뒤에는 男子가 女子의 父母를 爲하여 그 집의 머슴이 되어 三年의 苦役을 다하고야 딴 살림을 차려 自由의 家庭이 되는 것인 고로, 柳花(유화)의 犯行이 發覺됨

아사달과 유화의 이야기 부분이다.

朱蒙(주몽)이라 함은 支那(중국)史의 所傳을 新羅 文士들이 習用하여 「高句麗本紀」에 올리게 된 것인바, 鄒牟·中牟는 「줌」或「주무」로 讀할 것이니, 이는 朝鮮語요. 朱蒙(주몽)은 주물로 讀할 것이니, 이는 濊語 – 滿洲族 先代의 語니, 支那史(중국사)의 朱蒙(주몽)은 濊語를 述한 者니, 源流考에 云云한 바가 近理하니라. 本書에는 碑文을 쫓아 鄒牟라 쓴다.

주몽이 추모로 된 이야기를 밝히고 있다.

동창학교가 있었다는 번시(本溪)시 환런(桓仁) 홍도천이라는 지명은 존재하지 않는다. 동창학교 교사였던 박은식의 기록에 의하면 홍도천(興道川)[38]에 거주했다는 기록이 있다. 그리고 현재 황도천(橫道川)이라는 지명은 존재한다. 환런의 남동쪽에 황도천촌(橫道川村)이 있다. 환런 저수지 하류에 위치하며 지안으로 가는 지름길이며, 논농사하기 좋은 마을이다. 환런에 있었다는 동창학교의 위치는 추가로 고증이 필요하다. 현재 환런 내 동창학교는 찾아

에 그 父가 大努하여 柳花(유화)를 잡아 優渤水中에 던져 죽이려 하였다. 그러나 어떤 漁夫가 이를 건져 東夫餘 王 解金蛙(해금와)에게 바쳤다. 金蛙(금와)가 柳花(유화)의 姿色을 사랑하여 後宮에 들여 妾을 삼더니, 未久에 아이를 낳으니 곧 解慕漱(해모수)와 野合한 結果더라. 金蛙王이 柳花(유화)에게 詰問한즉, 柳花(유화)가 이를 日影에 感하여 낳은 天神의 子요 自己는 아무 犯行한 일이 없노라 하였다. 金蛙王이 믿지 않고 그 아이를 돼지에게 먹이려 하여 울에 넣어도 보며, 말에 밟혀 죽이려 하여 길에 던져도 보며, 산짐승의 밥이 되라 하여 深山에 버려도 보았으나 다 無效하므로, 이에 柳花(유화)의 收養함을 許하였다. 그 아이가 長城하매 勇力이 또래에 뛰어나며 射藝의 奇妙함이 짝이 없는 고로 鄒牟(추모)라 이름하였다. 『魏書』에는 鄒牟(추모)를 朱蒙(주몽)이라 쓰고 朱蒙(주몽)은 夫餘語에 善射者의 稱이라고 解하였으며, 『滿洲源流考』에는 「今 滿洲語에 善射者를 (卓琳莽阿) '주림무얼'이라 한즉 朱蒙(주몽)은 곧 '卓琳莽阿'라.」

38. 독립기념관 독립운동가 자료「白巖 朴殷植 先生 略歷」을 보면, 四月에 飄然히 鴨綠江을 渡하여 中國 桓仁縣 興道川 志士 尹世復(윤세복) 寓居에 起居하면서 『東明聖王實記』와 『渤海太祖建國誌』·『夢拜金太祖明臨答夫傳』·『 茹蘇文傳』·『大東古代史論』을 著作하다.

환런에서 지안 가는길

노학당 유지비

볼 수가 없다. 그나마 다행인 것은 환런 인근의 보락보진 남괴마자 마을 (현재 중국 주소 辽宁省本溪市桓仁县普乐堡镇)에 동창학교 분교가 있다. 보락보진에서 한 20분 정도 가다보면 분지형 마을에 둘러싸인 남괴마자 마을이 나온다. 경술국치 후 경상도에서 온 조선족 여러 가구가 거주하고 있다. 조선족이 많아서, 1985년에 보락보만족조선족진(称普乐堡满族朝鲜族镇)이었다가 2004년에 보락보진(普乐堡镇)으로 개명하였다.

여성 의병장 윤희순(1860~1935)이 동창학교 분교를 세웠다. 산간 황무지에서 땅을 일구며 의병 가족들과 독립운동을 계속하던 윤희순은 1912년 랴오닝성 환런현으로 이주해 당시 동창(東昌)학교의 분교인 '노학당(老學堂)'을 세우고 교장을 맡았다. 노학당에는 교실·운동장·식당·기숙사 등의 시설을 갖추어져 있었다. 이곳에서 졸업한 학생 중 50여 명이 독립운동가로 활동하였다. 2002년 7월 노학당 창립 90주년을 기념하여 '노학당 유지비(老學堂遺址碑)[39]가 건립되었다. 그러나 유지비는 경작지 한가운데에 있어 접근하기

---

39. 노학당유지비(老學堂遺址碑)는 시멘트 기단 위에 화강암 자연석을 가공하여 세운 것으로 규모는 무

가 쉽지 않다. 지금은 울타리로 경계가 되어 있다. 노학당 유지비를 보려면, 보락보진 남괴마자 마을에 열쇠를 가지고 있는 관리인을 찾아야 한다. 동창학교는 독립운동의 정신적 맥락을 함께 한 학교로서 민족 교육사적 의의가 크다고 볼 수 있다.

고구려의 교과서, 지안을 보다

신채호는 지안현의 유적을 한 번 보는 것이 김부식(1075~1151)[40]의 『고구려사』를 만 번 읽는 것보다 더 낫다고 하였다. 이런 까닭에 신채호는 학생들을 데리고 지안을 자주 찾았다.

第二次의 太子는 解明(해명)이니, 解明(해명)은 勇力이 絶人한 者라. 儒留王이 東夫餘의 侵略을 畏하여 國內城 今 輯安縣으로 遷都하매, 解明(해명)이 이를 惻弱한 일이라 하여 從行치 아니하며,

『단재 신채호 전집』 1권에 기술되었다. 고구려의 지안 천도에 관한 내용이다.

환런에서 지안에 이르는 길은 지금도 대단히 험난하다. 가끔 관광객들의 교통사고도 발생하는 곳이다. 거리는 약 140km 정도 되지만, 걸어서 38시간 정도 걸리는 산속길이다.

지안(集安), 원래는 '輯安(집안)'으로 표기하였으나, 후에 중국이 고쳤다.

예전 지안(성과 압록강이 보임)　　　　　　광개토대왕릉에서 본 지안시내

　지안의 역사는 고구려 정치·경제·문화의 중심으로 425년의 역사를 가지고 있다.

　청대에 만주족의 발상지인 '용흥지지(龍興之地)'에 포함되어 200여 년간 봉금지대(封禁地帶)로 묶였다가 청 말에 가서야 개간이 이루어지기 시작했다. 1902년에 지안현(輯安縣)이 설치되었다.

　1911년 신해혁명(辛亥革命)후 지안은 1913년 민국 2년, 봉천성 동변도(奉天省東邊道)에 속했다. 1928년 봉천성은 랴오닝성으로 개명하여 랴오닝성 동변도로 바뀐다. 1932년 6월 8일 일본군이 지안을 점령하였다. 그해 10월 지안현공서(輯安縣公署)가 설립되었다. 1933년 12월 지안은 다시 안둥성(安東省)에 속했다. 1937년 7월 1일 지안현은 통화성 소속이 된다. 1965년에 지안현(集安縣)으로 도시명을 바꾸었다. 1988년에는 통화시(通化市)의 현급시로 승격되었다. 지안은 지린성 동남부에 위치한 압록강을 경계로 북한과 마주 보고 있다. 중국 동북공정의 중심지이기도 하다.

　유구한 역사를 가진 지안(集安)은 압록강과 혼강 유역의 고구려 유적들이 즐비하다. 고구려가 서기 3년에 졸본성에서 국내성으로 천도를 했다. 427년에 고구려가 수도를 평양으로 옮기기 전까지 고구려의 두 번째 수도인 국내성(國內城)이 위치했던 정치·경제·문화의 중심지이다. 425년 동안 지속되었다.

지안에는 광개토왕릉비(호태왕비)를 비롯하여 고구려 고분인 장군총(將軍塚)·각저총(角抵塚)·무용총(舞踊

장수왕릉

塚) 등 관련 유적이 많이 남아 있다. 중국은 2004년에 고구려 왕성과 고분 유적을 북한의 고구려 유적과 함께 세계문화유산으로 등재했다. 환도성의 국내성 유적은 중국 전국중점문물보호단위로 보호받고 있다. 고구려는 국내성과 함께 방어에 용이한 산성을 쌓았는데 그것이 곧 환도성이다. 고구려의 정치·군사적 상황에 따라 환도성은 왕성으로 사용되기도 하였다. 환도성은 국내성에서 북서쪽으로 약 2.5km 떨어진 지점에 소재한 산성자산성(山城子山城 : 위나암성)으로 불린다.

국내성은 지안 시내이다. 지안 중심지가 궁궐 안이다. 지안 내 국내성 공원이 바로 그 중심에 있다. 국내성 공원 북쪽 왼쪽에 가면 지금도 유적을 볼 수 있다. 국내성 성벽의 전체 길이는 2,686m이며 동서가 남북에 비해 약간 길다. 국내성 성벽에 하수구 유적을 발굴하여 전시하고 있다. 압록강 쪽으로 발길을 옮기면, 지안 박물관이 있다. 지안현 서북쪽 2.5km 지점에 산성자산성(환도산성)이 있는데, 평지에 있는 국내성이 공격받을 경우에 이곳으로 피난하여 대적했던 것으로 보인다. 고구려는 3~427년 국내성을 수도로 삼았다가 427년(장수왕 15) 평양으로 천도를 행하였다.

신채호가 고구려 수도 환런에서 동창학교의 역사 교사로 재직하며 학생

국내성유적지터

환도성궁궐터

들과 지안 광개토대왕비를 보며 고구려의 건국 신화 광개토대왕의 업적 등을 학생들과 둘러 보았다. 생생한 교과서 체험의 현장이었다.

『신채호 전집』1권, 〈고구려의 전성시대〉편에 소개하고 있다.[41]

신채호는 고구려의 영토가 요동을 이미 차지하고 있었다는 사실과 환도성의 기능 및 위치를 고증하여 밝히고 있다. 또한 『조선상고사』에 보면, "수백 원이 있으면 묘(墓) 한 장을 파볼 것이요. 수천 원 혹은 수만 원이면 능(陵) 하나를 파볼 수 있을 것이다. 그러면 수천 년 전 고구려 생활의 활사진(活寫眞)을 보리라"라고 기술하기도 하였다. 또한 "노비(路費)가 모자라서 능묘(陵墓)가 모두 몇인지 세어볼 여가도 없이 능(陵)으로 인정할 것이 수백(數百)이요, 묘(墓)가 1만(萬) 장 내외라는 억단(臆斷)을 하였을 뿐이었다."라고 현장을 고증하지 못하는 아쉬움을 피력하고 있다. 지안은 13,000여 개의 고분군이 존재한다. 현

41. 紀元 一世紀 以後로 紀元 三四世紀까지에 漢江 以南 곧 南部의 朝鮮 列國들은 아직 草創 新立한 때요, 鴨綠江 以南 곧 中部의 朝鮮 列國들은 다 衰微하고 鴨綠江 以北 곧 北部의 朝鮮 列國들도 거의 傾敗하여, 加羅나 新羅나 百濟나 南樂浪이나 東夫餘 兩國들이 다 可記할 것이 적고, 오직 高句麗와 北夫餘가 가장 大國으로 列國 中에 雄張하였으나, 그러나 大朱留王 以後 年代의 削減됨을 따라 事實도 모두 脫漏되어 그 史蹟을 論할 수가 없다. 이제 支那(중국)史에 據하여 高句麗가 支那(중국)와 鮮卑에 對하여 政治的 關係된 一二事項을 記할 뿐이다. (중략) 高句麗가 이미 遼東을 차지하매, 今 蓋平縣 東北 七十里에 丸都城을 築하여 西方 經營의 本營을 삼고, 國內城과 卒本城과 並稱하여 三京이라 하였다. 丸都의 位置에 對하여 後人의 爭論이 紛紜하여 或 桓仁縣 附近 ─ 今 渾江 上流 今 安古城이라 하며, 或 輯安縣 紅石頂子山上이라 하나, 前者는 山上王이 移設한 第二 丸都요. 後者는 東川王이 移設한 第三의 丸都니, 이는 第五編에 述하려니와, 太祖의 丸都는 곧 第一回의 始築한 第一丸都니,

환도성고분군

재 미개방 고분도 부지기수이다. 그나마 지금은 개방이 되었던 5호 고분도 개방을 하지 않고 있다.

학자로서 신채호가 현장 고증을 통하여 서술한 중요한 내용인 것이다. 현장의 답인 것이다. 신채호는 학생들과 지안을 답사하면서, 학생들에게 책 속의 지식이 아닌, 현장의 지식을 강조하였다. 웅장, 화려, 비상하는 고구려 선조들의 기상. 우리 민족의 자존심이 바로 고구려인 것이다. 또한 고구려의 광활한 기상과 영토 확장 정신을 가르쳐 독립운동의 인재를 배양하였다. 일제에 의하여 빼앗긴 나라를 다시 회복하고자 하는 의지를 후학들에게 몸소 설파한 것이다. 참 고구려인을 찾아보는 노력이야 말로, 독립의 길인 것이다.

지안에 머물며 압록강을 바라보니, 글이 절로 나온다.

저기 보인다.
압록강이다.

고구려 425년의 수도
국내성 지안에서 건너 보이는 만포는 여전히 통일의 먼 미래인가

압록강비석

지안 압록강 나루터에서 본 북한

한달음 직한 거리

건너봄이 그저 언제까지나

일는지

그래도

아침에 돌아본 북쪽은 봄이 오고

있었다.

참고려인이셨던, 단재 신채호 선생에게 대한민국 역사연구의 길을 물어 본다.

역사는 애국심의 원천이라

"지안현의 유적을 한 번 보는 것이 김부식의 『고구려사』를 만 번 읽는 것

보다 더 낫다" 신채호 선생의 말씀이다. 지안에 가보면 대표적인 고구려 유

적으로 6.39m의 거대한 비석이 밭 한가운데 있다. 이는 장수왕이 아버지 고

담덕(高談德) 광개토대왕의 업적을 기리기 위해 세운 호태왕비(好太王碑)이다. 정

식명칭은 국강상광개토경평안호태왕(國岡上廣開土境平安好太王)이다. 중국인들이

부르는 호태왕비는 광개토대왕비(廣開土大王碑)[42]의 비문에,

惟昔始祖鄒牟王之創基也, 出自北夫餘,

天帝之子, 母河伯女郞, 剖卵降世, 生而有聖德.

□□□□□□□ 命駕巡車南下.

路由夫餘奄利大水, 王臨津言曰

옛적에 시조 추모왕鄒牟王**께서 우리 고구려를 창건하셨다. 추모왕은 북부여**北夫
餘**에서 출생하셨고, 아버지는 천상의 상제님이시고 어머니는 하백**河伯(수신水神)**의
따님이셨다. 알을 깨뜨리고 탄생하여 날 때부터 성스러운 덕**德**이 있었다. □□□□□
추모왕이 길을 떠나 수레를 몰고 남쪽으로 내려가는데 길이 부여**夫餘**의 엄리대수**奄
利大水**를 경유하시게 되었다.**

신채호는 부여(夫餘)와 엄리대수(奄利大水)라는 글귀를 보고 영감을 얻었을
것이다. 이 대목을 본 그는 쾌재를 부르면서 무릎을 쳤을 것이다. 신채호의
관심은 부여국까지 확장되어『조선상고사』집필을 위한 현장을 돌아보기
도 하였다. 광개토대왕비의 비문을 본 신채호는 역사의 지평을 넓히고자 하
지는 않았을까?

모 방송사에는 엄리대수를 쑹화강이라 하고, 부여를 현재 헤이룽장성 치

---

42. 비석은 4면이지만 내용상 3부로 나눈다. 제1부는 시조 추모왕의 건국 설화로 시작하여 유류왕, 대
주류왕 3대까지의 고구려 왕실의 연원과 광개토대왕 업적에 대한 칭송 등, 제2부는 연대순으로 기
록한 광개토대왕의 훈적, 제3부는 그 수나 출신 등 수묘인에 관한 사항과 수묘인 제도와 법의 공
표 등으로 구성된다. 모두 44행 1,775자의 문자가 새겨져 있다.(한국민족문화대백과사전(광개토왕
릉비(廣開土王陵碑)

치하얼(齊齊哈爾) 부근의 부유현(富裕縣)이라고 하는 주장을 다룬 적이 있다.

신채호 선생의 『조선상고사』집필에 대한 아이디어를 보여주는 일화도 있다. 1955년 『청사(靑史)』라는 잡지에 수록된 〈단재와 나〉라는 글에 보면, "수없이 만주 거친 벌판을 헤매다가 지안현 황성 광개토대왕비에서 단재 신채호 선생을 만나 역사 바탕을 함께 걸머지고 신경(역자 주: 장춘)으로 하얼빈으로 흑하-막하(현재 흑룡강 최북단)을 거쳐 바이칼 호수

광개토대왕비

광개토대왕릉

로 한 바퀴 돌아 거기에서 시베리아를 횡단한 기차를 타고 연해주 〈우라지오스톡구(블라디보스토크)〉까지 와서 나는 화태(사할린)도로 건너오고, 단재 선생은 부여족의 연원지대를 더 답습하고 상하이로 간다하여 서로 헤어졌다.(庚申 七月十日 檀紀四二五三年, 西紀一九二十年)"라고 하였다.

신채호는 우리의 역사를 고대사로 확장한 실증적인 역사 연구가인 것이다. 현장이 답이다. 친히 만주 지역의 현장을 둘러보면서 역사 연구에 대한 현장을 고증해 본 것이다.

친히 발로 역사의 가슴 뛰는 곳을 밟아본 것이다. 일제에 의하여 빼앗긴

백두산천지　　　　　　　　　백두산 비룡폭포에서 저자

나라를 되찾기 위한 방안은 젊은이들이 역사를 아는 것이다. 강제로 조국을 침탈한 일제에 대항하기 위한 국권회복의 길은 역사를 아는 것이다. 신채호는 문보다 무를 강조하였다.

최영(1316~1388), 이순신(1545~1598), 을지문덕(생몰년 미상)의 전기를 집필하여 일제에 대항할 영웅의 출현을 기대하였다. 애국계몽 사학자인 것이다. 그는 붓으로 일제에 대항하여 독립을 쟁취하고자 하였다. 역사에서 희망을 찾고자 하였다. 신채호 선생은 말씀하셨다. "자신의 나라를 사랑하려거든 역사를 읽을 것이며, 다른 사람에게 나라를 사랑하게 하려거든 역사를 읽게 하라" 역사는 애국심의 원천인 것이다.

신채호는 지안에서 발걸음을 옮겨, 백두산을 답사하면서 〈백두산 도중(白頭山途中)〉이란 한시를 남겼다.

인생 사십년 지리도 하다.
병과 가난 잠시도 안 떨어지네
한스럽다 산도 물도 다한 곳에서
곡하고 노래하기 그마저 어려워라

류자명(1894~1985)의 회고에 따르면, 이 한시는 신채호가 지은 것으로 "조국이 멸망한데 대한 비분의 심정을 충분히 표현"하고 있는 것이다. 류자명은 이어 신채호가 "블라디보스토크에 도착하자마자, 불 속에 뛰어들 듯 전투생활에 뛰어들었다"라고 하였다.

나라를 잃은 절통한 심정, 마음속에 흐르는 뜨거운 피를 붓 끝에 한 자 한 자 담아내시었다. 가난과 병은 신채호 삶에 분신처럼 같이 하였다. 외롭고 힘든 중국 생활이다.

제 2장. 대한민국 주춧돌을 만들다.

단재 신채호는 1913년과 1919년 두 차례 상하이에서 머물며 활동했다. 그는 주로 베이징에서 활동하였고, 베이징시기에 비해 상하이시기는 상대적으로 짧은 편이다. 그렇다고 해서 그가 상하이에 머물던 시기가 결코 의미가

상하이 신텐디

상하이 신텐디 거리

없었던 것은 아니다.

신채호는 1913년 처음 상하이에 왔다. 당시에 해삼위(海參崴)라고 불렸던 블라디보스토크에서 신규식(1879~1922)의 초청으로 상하이에 온 후에 동제사와 박달학원 등에 관여하였다. 그는 1919년에 다시 상하이에 머물게 되는데, 이때 상하이 임시정부 수립과 밀접한 관련을 맺었다. 이 시기에 그는 상하이와 베이징을 오고 가면서 생활하였다. 1919년 8월 신채호는 임시정부와 갈라서게 되는데, 이때 『신대한』을 발행하였다. 『신대한』은 상하이 임시정부의 기관지였던 『독립신문』에 맞서기 위한 것이다.

상하이에서 독립운동이 시작되다

블라디보스토크에서도 언론활동을 지속하던 신채호는 34세 되던 해인 1913년 봄에 중국으로 거취를 옮기고, 8월에 신규식의 초청으로 상하이로 오게 되었다. 신규식은 상하이를 중심으로 중국에서 독립을 위한 기반을 마련했다. 그는 1905년 을사늑약이 체결되자, 죽음으로써 일제에 항거하기 위해 자결을 선택하였다. 그때 그는 대한제국의 청년 장교 신분이었다. 가족들에 의해 발견되었기 때문에 목숨은 건질 수 있었지만, 이로 인해 그는 오른쪽 눈의 시력을 잃고 말았다. 신규식의 호는 '예관(晲觀)'인데, '세상을 흘겨본다'라는 의미이다. 위의 사건과 관련이 있다. 또한 나라가 망한 시국에 세상을 어찌 똑바로 볼 수 있겠는가라는 그의 신념이 들어 있다고 할 수 있다. 신채호는 신규식, 신백우와 함께 '산동(山東)의 삼재(三才)'로 불렸다. 이들은 모두 고령신씨(高靈申氏) 가문의 사람들인데, 청주 상당산성의 동쪽에 있었기

신규식 거주지 입구(신채호는 1913년에 상하이에 머물렀다)

때문에 산동신씨(山東申氏)라고 불렀다.

　신규식이 상하이에서 지내던 곳은 임시정부 청사와 멀지 않은 곳에 위치해 있다. 곧 두 번째였던 하비로 청사와 세 번째인 마당로 청사까지 걸어서

신규식 거주지 앞 도로

10분 정도의 거리에 있다. 신채호는 1913년에 상하이에 머물렀는데, 이 때 신규식의 집에 있었을 가능성이 크다. 그의 거주지는 현재 '남창로 100농 5호'이다. 남창로 100농은 중국의 근대 사상가 천두슈(陳獨秀)가 살았던 곳이다. 중국에서 이곳을 기념하고 보존하고 있는 까닭에 다행히 찾기 어렵지 않다.

천두슈 거주지   신규식 거주지(남창로 100농 5호)

상하이에서 신채호는 동제사(同濟社, 재상하이 한인공제회在上海韓人共濟會)에 가입하여 신규식, 박은식, 김규식(1881~1950), 홍명희(1888~1968) 등과 함께 활동하였다. 당시 상하이에는 한국에서 망명한 독립운동가와 일본에서 건너온 한국인 유학생들이 많았다. 신규식은 이들을 규합, 1912년 7월 동제사를 조직했다. 표면적으로는 상하이 거류 한인의 상조기관처럼 활동했으나 실제 목적은 독립운동이었다. 회원은 가장 많을 때 300여 명에 달하였고, 중국뿐만 아니라 일본·미국·유럽 각지에 지사를 만들어 활동하였다. 동제사의 '동제'란 동주공제(同舟共濟)라는 뜻으로 '모두 한 마음 한 뜻으로 같은 배를 타고 피안(彼岸)에 도달하자'는 의미라고 한다.

동제사에서는 중국어와 같은 외국어를 가르치는 강습소를 설치하였고, 1913년 12월에는 독립운동을 담당할 청년들을 교육하기 위해 박달학원(博達學院)을 설립하였다. 동제사는 1915년 베이징의 독립지사들과 연대하여 신한혁명당(新韓革命黨)[43]을 결성했으며, 1917년에 스톡홀름 만국사회당대회(萬國社會黨大會)[44]가 열리자 조선사회당[45]이라는 이름으로 참석하였다. 1918년 모스크바에서 열린 원동약소민족대회(遠東弱小民族大會)에도 대표를 참가시켜 외교활동을 전개하기도 했다.

신채호는 동제사와 박달학원에서 중국에 있는 교포 자녀들을 교육하면서 독립의식을 고취시켰다. 이후 1914년 대종교[46]의 윤세복에게 초청을 받아 서간도 환런현의 동창학교 역사 교사로서 학생들을 가르치다가 베이징으로 갔다. 신채호가 처음 상하이에 와서 동제사와 박달학원에서 활동했던 장소는 지금 정확한 장소를 알 수 없는 상태다.

1919년 3.1운동 후에 다시 해외 각지로 흩어진 애국지사들은 상하이로 모여 대한민국 임시정부[47]를 조직하였다. 이때 신채호 역시 베이징에서 상하이로 왔다. 류자명에 따르면 당시 이시영(李時榮, 1882~1919)·신규식(申圭植, 1879~1922)·박은식(朴殷植, 1859~1925)·노백린(盧伯麟, 1875~1926)·김구(金九, 1876~1949)·조완구(趙琬九, 1881~1954)·여운형(呂運亨, 1886~1947) 등이 있었고, 그밖에도 많은 청년들과 애국부녀회 대표 등이 있었다고 한다.[48] 상하이는 명나라 말부터 성장하기 시작하여 1880년대가 되면 동북아시아에서 최대의 상업도시가 되었다. 1919

---

43. 신한혁명당은 1915년 3월에 본부는 베이징 지사는 상하이, 한커우, 안동 등에 세워진 청년 항일독립운동 단체, 해외 각 지역의 독립운동 조직과 무력을 아울러 독립운동을 한다. 이상설이 본부장으로 하고 상하이 지부장은 신규식이었다.

44. 세계 각국 사회주의 정당과 조직 대표들이 모인 국제회의이다.

45. 1917년 8월 상하이에서 만국 사회당에 참여하기 위하여 결성한 독립운동 단체이다.

46. 대종교는 1909년 나철이 창시한 민족 고유의 종교이다.

47. 1919년 3.1일 일본 통치제 조직적으로 항거하기 위하여 설립. 1919년 4월 11일부터 1948년까지 중국과 서울에 설립. 일본 제국주의의 대한제국 침탈과 식민통치를 부인하고 한반도 내외 독립운동을 주도하기 위한 목적으로 설립된 대한민국 망명정부이다.

48.『단재 신채호 전집』,「1920年 2月末에 있어서의 大韓民國臨時政府의 諸機關」(1920. 2) 참조

프랑스 조계 당시 지도

년 당시 상하이에는 영국, 미국, 프랑스 등 서구 열강들이 독자적인 주권을

행사하는 조계(租界)가 설치된 상태였다.

조계는 개항장(開港場, 일정한 지역을 개방하여 외국인의 출입과 무역을 허용한 제한 지역)

에 외국인이 자유로이 통상과 거주를 하며 치외법권[49]을 누릴 수 있도록 설

정한 구역을 말한다. 주로 제국주의 국가들의 침략이 시작되면서 불평등조

약이 체결된 결과인데, 중국과 한국에서는 조계, 일본에서는 거류지(居留地)라

---

49. 치외법권은 외국인이 현재 체재하고 있는 국가의 권력작용, 재판권에 복종하지 않을 수 있는 권
리를 말한다.

고 불렀다. 상하이에는 아편전쟁[50] 이후 1845년 영국이 조계를 설정하여 1943년까지 약 100년 동안 지속되었다. 중국에서의 조계지는 일본-다롄, 독일-칭다오, 프랑스-광저우 등이 있었다. 이러한 지역을 조차지(租借地)라고 하는데, 여기에서는 조차국(租借國)이 외국인뿐만 아니라 중국인(청나라, 중화민국)에 대한 사법권도 행사할 수 있었다. 따라서 상하이의 프랑스 조계지에서 임시정부가 설립될 수 있었다.

임시정부의 첫 번째 청사는 당시 주소로 프랑스 조계 김신부로(金神父路), 현재 서금이로(瑞金二路)에 있었는데 지금은 남아 있지 않다. 두 번째 청사는 1919년 8월부터 10월까지 프랑스 조계 하비로 321호에 있었는데, 현재 화이하이중루에 청사터로 추정되는 곳을 확인할 수 있다.[51]

이곳은 상하이 지하철 13호선 화이하이중루로(淮海中路)역 1번 출구에 위치해 있는데, 지금은 옛 건물은 철거되어 없는 상태이고 그 자리에 의류 매장이 있다. 화이하이중루역을 중심으로 화이하이중루와 서금이로(당시 김신부로)가 있는데, 아쉽게도 첫 번째 청사의 위치는 정확하게 특정(特定)할 수 없다. 또한 중국 역시 현재 개발이 한창 진행 중이기 때문에 하루가 다르게 예전의 모습과 달라지고 있다.

우리에게 상하이 대한민국 임시정부 청사로 잘 알려져 있는 마당로 청사

---

50. 1840년 아편문제를 두고 둘러싼 영국과 청나라 간에 일어난 전쟁. 1842년 8월 난징조약으로 마무리되었다.
51. 김광재 국사편찬위원회 연구관은 "최근 중국에서 발견한 1920년 제작 상하이 프랑스 조계 지적도에서 2015년 공개된 하비로 청사 사진의 주소 321호(당시 번지수)를 찾아낸 뒤 오늘날 지도와 대조해 청사의 정확한 위치를 확인했다" 고 9일 본보에 밝혔다. 김 연구관에 따르면 하비로 321호는 오늘날 화이하이중루(淮海中路) 651호다. 청사로 썼던 건물은 1920, 30년대 철거된 것으로 추측되며 지금은 의류 매장이 들어서 있다.(동아일보 2018년 4월 10일 기사)

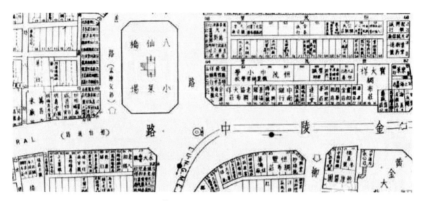

신채호 거주 지역의 옛지도

52는 1926년부터 1932년까지 사용한 곳이다. 현재 온전히 남아 있는 임시정부 청사 건물로 많은 사람들이 찾는 곳이기도 하다. 그러나 이곳은 신채호가 상하이에서 활동하던 시기와는 맞지 않아 그의 흔적을 찾을 수는 없다. 마당로 임시정부 청사 앞은 크고 작은 쇼핑몰과 까페 등으로 화려하다. 주의를 기울이지 않으면 찾지 못하고 그냥 지나칠 정도이다. 중국에 있는 독립운동과 관련된 곳은 비슷한 형편이다. 앞에서도 언급한 바와 같이 날로 화려해지고, 개발이 진행되는 중국에서 대한민국의 독립을 위한 흔적은 주의를 기울이지 않으면 안 된다. 지속적으로 찾고 기억해야 하는 이유이기도 하다.

이승만 위임통치에 반대하다

신채호는 1919년 4월 10일, 임시의정원 구성회의에 충청도 대표로 참가하였다. 4월 11일에 개최된 제1회 임시의정원회의에서 국호를 대한민국으로 정

---

52. 마당로에 위치한 청사를 가기 위해서는 상하이 지하철 신천지(新天地)역 6번 출구로 나와서 조금 걸어가면 된다. 신천지는 상하이의 대표적인 번화가로 주변의 카페거리가 있어 임시정부 청사를 찾기는 어렵지 않다.

하고, 정부 구성에 들어갔는데, 신석우는 이승만(1875~1965)을 국무총리로 추천하였다. 신채호는 이에 반대하였는데, 그 이유는 이승만이 위임통치 및 자치문제를 제창하였기 때문에 국무총리로는 신임할 수 없다는 것이었다. 따라서 국무총리를 별도로 선거하자고 개의하여 가결시켰다. 그러나 신채호의 뜻과는 달리 이어진 투표에서 결국 이승만이 국무총리에 당선되었다.

신채호가 임시정부의 국무총리로 이승만을 선출하는 것에 반대한 이유는 바로 위임통치 때문이었다. 이승만은 1919년 2월에 미국 대통령인 윌슨(1856~1954)에게 한국의 자주독립을 포기하고 국제연맹에 위임통치를 청원하였다. 당시 이승만이 제출하였던 〈위임통치청원서〉는 다음과 같다.

미국 대통령 각하, 대한인 국민회 위원회는 본 청원서에 서명한 대표자로 하여금 다음과 같이 공식 청원서를 각하에게 제출합니다.

우리는 자유를 사랑하는 2천만의 이름으로 각하에게 청원합니다. 각하도 평화 회의에서 우리의 자유를 강력하게 주장하여 참석한 열강들과 함께 먼저 한국을 일본의 학정으로부터 벗어나게 하여 주십시오.

장래 완전한 독립을 보증하고 당분간은 한국을 국제 연맹 통치 밑에 둘 것을 바랍니다. 이렇게 될 경우 대한 반도는 만국의 통상지가 될 것이며, 그리하여 한국을 극동의 완충국이나 또는 1개 국가로 인정하게 하면 동아시아 대륙에서의 침략 정책이 없게 될 것이며, 그렇게 되면 동양 평화는 영원히 보전될 것입니다.

신채호는 임시의정원 회의에 참가하여 전원위원회 위원장으로 선출되기도 하였다. 여기까지 상황으로 미루어보면 신채호와 임시정부 사이의 관계가 원만한 것으로 파악할 수 있다. 그러나 1919년 제6회 의정원 회의에서 국무총리제를 대통령제로 변경하는 안건이 제출되어 토의를 거친 후에 9월 6일에는 가결되었다. 이에 따라 의정원에서는 대통령에 이승만을 선출하려고 하였다. 신채호는 이승만을 대통령으로 선출하는 것에 대해 반대하였는데, 그 이유는 앞서 이승만이 국무총리가 될 수 없다는 것과 같았다. 신채호는 격렬하게 반대하였고, 결국 임시의정원에서 해임되기에 이르렀다.

그는 대통령 선출 과정에서 투표에 참여하지도 못하였고, 이승만은 대통령으로 선출되었다. 이때부터 신채호는 위임통치론을 주장한 이승만이 이끄는 대한민국임시정부의 노선을 비판하면서 이른바 반임시정부활동을 전개하여, 다른 길을 걷게 되었다. 당시 상하이의 상황에 대해 류자명은 다음과 같이 기록하였다.

임시정부를 조직하기 위해 먼저 임시의정원을 조직하였다. 당시 단재 선생은 '충청대표' 자격으로 의원이 되었고, 의장에는 이동녕이 선출되었다. 임시의정원에서는 먼저 임시헌장을 통과시켰고, 그런 후에 헌장의 규정에 따라 임시정부 각료들을 선출하였다. 각료 명단 중에는 다음의 인물이 있었다. 대통령 이승만(李承晩), 국무총리 이동휘(李東輝), 외교부장 김규식(金奎植), 내무부장 조완구, 재무부장 이시영, 노동부장 안창호, 경무부장 김구, 군무부장 노백린 등이 그들이었다.

당시 이승만은 미국에 있었고, 이동휘는 블라디보스토크에 있었다. 김규식과 조소앙은 프랑스 파리에 가서 파리평화회의를 향해 조선의 독립을 승인해 주도록 요구하였다. 이들 각원 명단에 대해 의회에서 토론 시, 신채호 선생은 이승만이 대통령이 되는 데에 끝까지 반대하였다. 그가 반대한 이유는 제1차 세계대전이 끝나자 미국 대통령 윌슨이 민족자결주의를 주장하였는데, 이때 이승만이 미국정부에 대해 조선을 미국의 위임통치하에 두자고 요구하였던 것이다. 이 사건은 신채호 의원 외에 아는 사람이 많지 않았다. 신채호 의원은 소위 '위임통치'라는 것은 조선을 미국에 주어 통치하는 것으로, 이는 '을사보호조약(을사늑약, 1905)'과 같은 것이라고 지척하였다.

신채호 선생의 반대로 이승만을 대통령으로 하자는 제안은 잠시 미루어져 통과되지 않았다. 후에 신채호 선생이 출석하지 않은 상태에서 간신히 통과되었다. 이승만은 이러한 초청으로 말미암아, 자신의 지위를 높게 되었고, 정치적인 장사를 하기 시작하였다. 바로 이것이 이승만이 2차 대전 후 미국으로부터 비행기를 이용하여 서울에 도착한 후, 미제국주의로 하여금 20만 톤에 달하는 폭탄을 갖고 오게 하여, 조선의 북반부를 폭파케 하였던 것이다.

(전집, 류자명, 「조선의 애국 역사학자 신채호(申采浩)」)

류자명은 1919년 6월에 한성으로부터 조용주(趙鏞周, 1889~1937)와 함께 상하이로 와서, 제일 먼저 신채호를 만났다. 당시 임시의정원에서 비서일을 맡고 있던 조덕진(趙德津)은 그를 신채호와 만나게 해주었다. 신채호는 이때 한 작은 여관에 살면서, 역사 연구에 전념하였다고 한다. 이때 상하이에서 발간한 『한국독립신문』[53] 및 기타 간행물은 모두 그가 관계하고 있었다.

자주 열렸던 군중대회도 신채호를 초청하여, 조선역사 문제와 관계있는

---

53. 1919년 8월 21일 상하이에서 한국 민족 독립이념을 전하고자 설립된 신문

강연회를 열었다. 신채호는 '임진왜란 때 이순신이 거북선으로 용감하게 일본 해군을 격파한 이야기'를 했는데, 이 이야기를 들은 청중들은 감동하지 않은 사람이 없었다. 임시정부의 주요 애국지사였던 안창호·김구 등도 이 강연회에 참가하였다고 한다.

류자명은 1919년 12월에 상하이를 떠나 한성으로 돌아간다. 1921년 봄에 다시 베이징으로 갔는데, 이때 그는 다시 신채호를 만났다. 베이징에서 다시 만난 신채호는 역사저술에 전심전력하고 있었다고 류자명은 회고했다.

신채호가 이승만으로 대표되는 위임통치를 지지하는 세력과 대척점에 서 있었던 이유는 무엇일까. 당시 임시정부 내부에는 이른바 '창조파'와 '개조파' 사이의 대립이 있었다.

창조파는 외교론이나 실력양성론만으로는 독립을 쟁취할 수 없기 때문에 임시정부를 해체하고 무장투장을 할 수 있는 새로운 정부를 구성하자는 입장이었다. 이에 반해 개조파는 현실적으로 새로운 해체하는 것은 무리라는 입장에 서 있었다. 창조파는 신채호·박은식·김창숙(1879~1962)·박용만(1881~1928) 등이 중심이었고, 개조파는 이승만·안창호와 같은 임시정부의 각료들이 주축을 이루었다.

신채호는 1921년에 위임통치를 청원한 이승만과 이를 옹호하는 임시정부에 대해 〈성토문〉을 작성하여 공표함으로써 비판하였다. 〈성토문〉은 신채호, 김창숙, 김원봉(1898~1958), 오성륜(1900~1947), 장건상 등 54명이 서명하였다. 이러한 성토문으로 인해 이승만과 임시정부는 엄청난 타격을 받았다. 1923년 1월에 이승만이 탄핵을 받은 것이다.

신채호와 함께 〈성토문〉에 서명한 사람들은 임시정부에 반대하는 노선을 걷고 있었고, 무장투쟁을 지지하였다. 이들 가운데 많은 사람들이 의열단과 관련이 있다. 의열단[54]과 신채호와의 관련은 다시 살필 것이다.

『신대한(新大韓)』을 발행하다.

1919년 8월 통합임시정부의 대통령으로 이승만이 선출되자 신채호는 반(反)임정활동에 주력한다. 임시정부에서는 그를 의정원 충청도 위원에서 해임하였고, 결별에 이르게 되었다. 같은 해 10월에 신채호는 『신대한』을 발행하였다. 『신대한』의 발행 장소는 당시 주소로 상하이 보강리(寶康里) 54호였다.[55] 이 당시 신채호가 머물던 곳은 백이로(白爾路) 455호였는데, 지금 주소

보강리 54호 신대한 발행지
(현재 상하이 회하이중로 333호, 瑞安廣場)

백이로 455호 신채호 거주지
(현재 상하이 타이창로 233호, 新茂大廈)

---

54. 의열단은 1919년 지린성에 조직된 항일 무장독립운동 단체이다. 일본 고관암살과 관공서 폭파들의 활동을 벌였다. 일본 통치를 타도하고 이상적 국가를 설립하는 것을 목적으로 한다.
55. 『단재 신재호 전집』, 『1920年 2月末에 있어시의 大韓民國臨時政府의 諸機關』(1920. 2) 참조.

신재호 거주지에서 『신대한』
발행지로 향하는 도로

로는 태창로(太倉路) 233호이다. 이곳은 신채호 당시에는 여관건물이었다는데 현재는 신무대하(新茂大廈)라는 오피스텔이 들어서 있다. 이 두 곳은 멀지 않은 위치에 있다.

『신대한』은 반임정활동과 무장투쟁론을 선전함과 동시에 신대한동맹단(新大韓同盟團) 기관지 역할도 하였다. 이 신문에 주로 참가한 사람들은 김두봉(金枓奉, 1889~1960)·한위건(韓偉健, 1896~1937) 등이다. 『신대한』은 1920년 1월까지 약 3개월 정도 발행되었다.

『신대한』창간과 관련하여 이광수는 다음과 같이 기록을 남겼다.

그 다음에 내가 단재(丹齋)를 만난 것은 기미년(己未年, 1919)이니 다시 5,6년을 지나서였다.

그때에 단재는 청복(淸服)을 입었는데 [단재 양복(洋服) 입은 모양을 나는 보지 못하였다.] 어떤 친구가 해드렸는지 무늬 있는 옥색(玉色) 가까운 회색(灰色)의 비단 긴 두루마기에 검은 공단 마고자까지 입고 있었다. 나는 그것을 보고 웃었다. 그것은 아마 단재는 누가 입으라고 주니까 입었지 비단인지 무명인지 의식(意識)도 하지 아니하리라고 생각한 까닭이었다.

10년 만에 만나는 어린 친고인 나를 그는 반갑게 맞았다. 10년 풍상(風霜)에 그는 많이 초췌(憔悴)하였으나 그의 성격은 마찬가지였다.

컴심 잡수러 가시지오 하는 내 청에 그는 쾌락(快諾)하고 모자를 쓰고 나섰다. 나는 미리 준비하였던 마차에 그를 타라 하였으나 걷는다고 고집하다가 마침내 탔다.

나는 단재를 밑에 두고 5,6년 컨 상하이(上海)에서 단재가 허리와 고개를 빳빳이 누구 앞에도 이 허리와 고개는 아니 굽는다는 듯이 팔짱을 끼고 책사(冊肆)로 돌아다니던 것을 회상(回想)하였다.

그는 요리를 자시고 술을 자시며 그동안 각지(各地)로 표랑(漂浪)하던 이야기를 이것 저것 별로 계통(系統)없이 말하였다. 해삼위(海蔘威, 블라디보스토크)에서 소화불량이 심하여서 매일 이천보식(二千步式) 걸음을 걸어서 좀 나았다는 말도 하고 지금도 트림이 난다는 말도 하고, 또 이승만(李承晩) 박사의 맨데토리(mandatary, 위임통치)문제는 대의상(大義上) 용서할 수 없고, 안도산(安島山, 안창호)은 국민회(國民會)의 장(長)으로 이(李) 박사를 대표(代表)로 임명(任命) 파견(派遣)하였으니 그래서 사분(私分)으로 무척 흠모(欽慕)하건마는 찾지 아니하노라고 말하고 우리가 이제 남은 것이 무엇이오? 대의(大義) 밖에 있소? 절개(節介)밖에 있소? 하고 절개의식(節介意識)의 마멸(磨滅)은 무엇보다도 무서운 것이라고 극론(極論)하였다.

그때에 내가 단재를 만난 주요(主要)한 이유는 이승만 박사를 지지(支持)함이 대의(大義)에 합(合)하다는 것을 설복(說伏)하여 단재로 하여금 내가 주간(主幹)하던 ○○신문의 주필(主筆)로 모시려 함이었다. 그러나 나는 단재를 설복(說伏)하기에 성공(成功)하지 못하였다. 그 결과로 단재 ○○○이라도 이 박사를 수반(首班)으로 하는 ○○를 부인(否認)하는 신문을 발행하게 되었는데 그것은 나중 일이거니와 그보다 먼저 ○○

○○을 조직할 때에도 단재는 이 박사의 수반(首班)을 반대하여 일좌(一座)의 위협(威脅)·만류(挽留)도 듣지 아니하고 나를 죽이구려하고 벌떡 일어나서 유유히 회장(會場)에서 나가버리고 말았다. 그것은 기미년(己未年) 4월 10일 그 컨날 즉 9일부터 만(滿) 24시간 불면불휴(不眠不休)로 토의(討議)한 ○○○○ 성립(成立)의 날이었었다.[56]

위의 기록을 보면, 신채호가 이광수를 만났을 때는 1919년 8월에서 10월 사이임을 알 수 있다. 두 사람은 몇 번의 만남을 가졌는데, 이때의 만남은 이광수가 신채호를 회유하기 위함이었다. '이승만 박사'를 지지하는 것이 대의(大義)에 맞는다는 것을 설복하여 신채호를 『독립신문』의 주필로 초빙하는 것이 이광수의 목적이었다. 신채호는 이광수를 맞아 임시정부의 노선을 강하게 비판하였다. 신채호는 단순히 이승만만을 반대한 것은 아니었다. 이광수의 기록에는 이승만의 위임통치를 인정할 수 없을 뿐만 아니라 이승만을 대표로 임명하여 파견한 안창호 역시 신채호가 비판하고 있음이 나타나 있다. 신채호는 개인적으로는 안창호를 무척이나 흠모(欽慕)하고 있으나 찾지 않고 있다고 하였다. 신채호에게 있어 가장 중요한 것은 '대의(大義)'와 '절개(節介)'일 뿐이었다.

이광수가 신채호에 대해 "단재의 웃음은 여성다웠다. 그 여성다운 용모(容貌)와 어성(語聲) 중에 추상열일(秋霜烈日)같은 남성적 엄숙(嚴肅)이 들어가서 있는 것이 이상(異常)하였다", "단재는 대의(大義)에 관하여서는 일보(一步)도 가

---

56. 『단재 신채호 전집』, 이광수,「脫出 途中의 丹齋 印象」
   '본문의 ○○○은 특정 단어를 피하기 위해 표기한 것으로, 원문을 그대로 따랐다.'

차(假借, 남의 잘못을 용서함)함이 없었다. 그는 절대 비타협(非妥協)이다. 그는 천생(天生)의 청절(淸節)을 탄 인물이다."라고 평가한 바 있다. 이러한 성격을 가진 신채호이기 때문에 이승만으로 대표되는 개조파와는 타협을 할 수 없었고, 이광수의 회유도 소용이 없는 일이었다.

위에서 말한 것과 같이『신대한』은 임시정부의 노선에 반대하는 입장에 있었기 때문에 임시정부의 입장에서는 여간 껄끄러운 것이 아니었다. 임시정부의 기관지인『독립신문』1920년 1월 8일 자에는 '李承晚國務總理의 兩新聞記者招待'라는 제목의 기사가 있다.

기사의 제목에 나온 것과 같이 당시 이승만 국무총리가『신대한』과『독립신문』의 관계자들을 초대하였다. 그러나 실제 두 신문사의 관계자를 초대한 사람은 임시정부 국무총리인 이동휘였다. 이승만은 1920년 12월 5일에 상하이에 도착하여 1921년 5월 29일까지 머물렀기 때문에 시기가 맞지 않는다.『신대한』신문사의 편집장 김두봉을 포함하여 10명,『독립신문』측에서는 사장 이광수를 포함하여 8명이 나왔다.

이 자리에 참석한 인원은 30여 명 정도 되었으니 기록에는 나와 있지 않지만 당시『신대한』발행에 있어 중요한 역할을 했었던 신채호 역시 참석했을 것이다. 저녁 6시부터 9시까지 이어진 자리에서 이동휘 국무총리는 양 신문의 과거 공적을 말하고, 서로 협조하여 독립운동사업에 보조(步調)를 같이 하여 노력해 줄 것을 역설하였다. 그러나 결과적으로 두 신문사의 대립은 계속되었고,『독립신문』측의 방해로 인해『신대한』은 발행을 중단하게 되었다.[57]

57.『신대한』과『독립신문』의 갈등과 관련되어 다음의 기록은 참고할 만하다.

여기서 신채호와 이광수의 만남과 관계에 대해 살펴보자. 두 사람의 삶을 살펴보면, 서로 대척점(對蹠點)에 있다는 것을 알 수 있다. 신채호와 이광수는 4번 정도 만났다.[58] 두 사람이 정주에서 만났을 때 나온 것이 그 유명한 '신채호의 세수법'이다. 이광수의 글은 다음과 같다.

단재(丹齋)는 세수할 때에 고개를 숙이지 않고 빳빳이 든 채로 두 손으로 물을 찍어다가 바르는 버릇이 있었다. 그래서는 마룻바닥과 자기 저고리 소매와 바짓가랑이를 온통 물투성이를 만들었다.

우리는 단재 세수하는 것을 한 큰 구경거리로 여겼다. 한번 단재가 세수하는 것을 보고 시당(時堂, 여준)이 '에익 으응. 그게 무슨 세수하는 법이람. 고개를 좀 숙이면 방바닥과 옷을 안 질르지'하고 쯧쯧 혀를 차는 것을 보고 단재는 여전히 고개를 빳빳이 하고 두 손으로 물을 찍어다가 낯에 발라서 두 소매 속으로 물이 질질 흘러 들어갔다. '그러면 어때요?'하고 단재는 오산(五山) 있는 동안에는 그 세수하는 법을 고치지 아니하였다. 단재는 결코 누구 말을 들어서 제 소신을 고치는 인물은 아니었다. 남의 사정을

一九二〇年 二月 十八日 朝鮮軍參謀部
上海方面排日鮮人의 狀況(上海機關의 報)

一, 上海在留 不逞鮮人의 機關紙인『獨立』·『新大韓』두 新聞의 軋轢으로 國民大會를 開催한 結果, 『新 大韓』發行이 禁止되지 않기 때문에 獨立側은 가만히 姦策을 돌리고『新大韓』의 印刷所에 秘密히 交涉하여 朝鮮人은 日本人이라면 排日을 決行하는 當工場에서 이것을 印刷하기 어렵다는 口實下에 印刷를 拒絶시킴에 따라『新大韓』은 그 後 休刊을 않을 수 없게 되었다. 그런데 該新聞은 元來 申圭植(신규식)의 힘으로 設立되었던 것이기 때문에 自然히 申(신규식)의 機關紙라는 것과 같이 注目되고 있었는데 今回 그의 反對新聞에 依하여 休刊하게 되었으므로 畢竟 이를 敎唆한 者가 있기 때문이라는 議論을 惹起하였고 그의 敎唆者로서 安昌浩(안창호)를 注目하여 申(신규식)派의 저들은 現政府를 非難하는 者가 차츰 많아졌다. 二月初부터 所謂 臨時政府破壞運動을 開始한 者가 있으며 漸次 그의 勢力을 加重하여 目下 三十六名의 多數에 이르렀다. 그 中에는 安昌浩(안창호) 暗殺計劃을 하고 있는 者를 發生하였기 때문에 安(안창호)은 그의 暗潮가 더욱 더 激烈함을 探知하고 稱病하여 外出을 하지 못하게 되었다.(전집「上海方面 排日鮮人의 狀況」(1920. 2. 18))

58. 김주현, 「이광수와 신채호의 만남, 그리고 영향」, 『한국현대문학연구』 48, 이 논문에서는 두 사람은 1910년 정주, 1913년 상하이, 1918년 베이징, 1919 상하이에서 만났다고 하였다. 이 중에서 1918년의 만남은 「탈출 도중의 단재 인상」에는 빠져 있다.

보아서 남의 감정(感情)을 꺼려서 저 하고 싶은 일을 아니하는 인물은 아니었다.

(『단재 신채호 전집』, 이광수, 「脫出 途中의 丹齋 印象」)

신채호가 서서 세수를 했다는 사실은 보통 그가 일제에 굽히지 않겠다는 의지를 보인 것으로 해석된다. 이광수는 자신의 글에서 위의 일화를 기록하면서 신채호가 '남의 사정을 보아서 남의 감정을 꺼려서 저 하고 싶은 일을 아니하는 인물'이 아니라고 하였다. 결코 자신의 소신을 고치는 인물이 아니라는 것이다. 다음의 글도 신채호의 세수법에 대해 기록한 것이다.

사소한 세속 일에는 무관심하였었다. 구두의 짝을 바꾸어 신고 구두는 발이 아픈 신이라고 매도한 것도 유명한 이야기다. 그러나 그의 독립자존의 생각은 때로는 기인(奇人)같이 보이는 수도 있었다. 망명할 때에 잠시 정주(定州) 오산학교에 들른 일이 있었다. 그때 그 학교에는 춘원 이광수 씨가 교사로 있었는데 함께 자고 나서 아침에 세숫물을 떠오니까 선생은 뻣뻣이 서서 물을 찍어 얼굴을 씻었다. 이광수 씨가 "선생님, 앉아서나 엎드려서 세수를 안 하시고 서서 불편하게 하십니까?" 하였더니 선생은 정색하면서 " 나는 평생에 남에게 허리를 굽혀본 일이 없소. 세수할 때인들 허리를 굽힐 수가 있소"하여 이씨(이광수)도 고소(苦笑)하고 말았다는 일화도 있다.

(『단재 신채호 전집』, 류광열, 「獨立과 自尊의 奇人風 志士」)

위의 기록에 나온 신채호의 세수법과 관련하여, 이광수에게 일부러 보이기 위한 것이라는 견해도 있다. 바로 이광수의 친일행적이 널리 알려져 있는 것과 관련된 것이다. 신채호의 일제에 고개를 숙이지 않는 절개와 지조, 이광수의 친일행적. 이 두 가지 사실을 대비한 것으로 이해할 수 있다. 더구나 임시정부 수립 이후에도 두 사람은 대립적인 위치에 있었다. 이로 미루어 보면 좋은 이야깃거리가 된다. 그러나 이는 결과를 두고 말한 것이 아닌가 하는 의문이 든다. 이광수는 임시정부 내에서 어느 정도 역할이 있었고, 1921년 상하이로부터 귀국한다. 이후 1922년 5월 『개벽』[59]지에 「민족개조론」[60]을 발표하는데, 이를 두고 그의 친일행적의 시작으로 여기는 견해가 있다. 그러나 이광수가 1921년 귀국 이전부터의 행적에서 친일에 대한 논란이 있다.

위의 세수법에 관련된 일화는 1910년에 신채호가 중국으로 망명하는 도중에 오산학교에서 있었던 일이다. 이때에 신채호가 이광수의 친일을 알아보고 일부러 그러한 행동을 하지는 않았을 것이다. 다만 이광수가 1905년 일진회 장학생으로 일본에 유학하고, 귀국 후에 오산학교에서 교편을 잡고 있었다는 사실과 관련을 맺을 수는 있다.

일진회는 1904년 8월에 송병준(宋秉畯, 1857~1925)과 독립협회 출신 윤시병(尹始炳, 1860~1931)·유학주(兪鶴柱), 이용구(李容九, 1868~1912) 등이 조직한 단체이다. 이 단체는 1910년 경술국치까지 일제의 군부나 통감부의 배후조종 하에 침략과 병탄에 앞장섰다. 일진회의 결성은 일본이 고문정치로 한국정부를

---

59. 『개벽』은 1920년에 천도교를 배경으로 발행된 월간 종합지이다. 3.1운동이 낳은 잡지로서 국한문 혼용체이다.
60. 「민족개조론」은 1922년 5월 이광수가 『개벽』에 발표한 논설. 이광수는 우리 민족의 열등감이 민족의 패배감으로 나타나 일본의 지배를 받고 있으며 한국 민족의 성격적 결함이나 인종적 열악함이 한국 민족이 식민지로 전락했다는 주장을 하는 내용이다. 민족해방운동과 독립운동의 무용을 강조하여 해방투쟁을 포기하도록 설득하는 것이 주요 골자이다.

간섭하는 것만으로는 불충분하며 민간 차원의 친일 분위기 조성을 위한 것이었다. 송병준은 러일전쟁 때 일본군의 통역 역할을 했는데, 그가 일진회의 대표가 된 것은 일본의 의도를 보여주는 것이다. 일진회는 강령으로 왕실의 존중, 인민의 생명 및 재산 보호, 시정(施政)의 개선, 군정(軍政)·재정(財政)의 정리 등을 내세웠다. 국채보상운동이 있었던 1907년 5월에는 국채보상운동 때문에 일어나는 모든 사태가 대한제국 정부에 있다고 하거나 베델과 양기탁이 돈을 착복했다는 사실을 퍼뜨리는 것과 같은 친일단체로서의 역할을 했다. 이러한 일진회의 장학생으로 선발되어 이광수가 일본에 유학했다는 사실이 신채호와 같은 사람에게 탐탁지 않았음은 쉽게 짐작할 수 있을 것이다. 더구나 당시 신채호는 독립운동을 위해 중국으로 망명하는 중이었다.

임시정부와 관계가 악화되다

신채호와 임시정부는 갈등을 빚고 있는 상황이었는데, 1919년 11월에 둘 사이가 더욱 악화되는 사건이 발생하였다. 여운형(呂運亨, 1886~1947) 일행이 일본을 방문한 것이 그 계기였다. 여운형의 평전에 따르면, 일제가 도쿄로 초청한 것은 3.1운동 이후의 이른바 '문화정치'[61]의 일환이었다. 일제는 여운형이 임시정부와 거리를 두고 있음도 알고 있었다. 대외적으로는 일본의 유화정책을 과시하고, 대내적으로 여운형을 회유하여 식민지정책에 활용하려는 의도를 가지고 있었다. 이러한 상황에 대한 총독부의 기록은 다음과 같다.

---

61. 3.1운동 이후 일제가 실시한 식민통치 방식으로, 3.1운동으로 무력만으로 한국을 지배하기 어렵다는 것을 인식하고, 새로 조선총독으로 부임한 사이토 마코토의 정책. 민족 회유 정책이다. 겉으로는 조선인을 존중하는 듯 했지만 실체로는 교묘하게 감시하고 탄압하는 통치방법

작년에 장덕수를 폭동관계자로 취조했을 때 상하이, 도쿄, 경성 사이의 연락을 누가 맡았는지 피의자에게 탐청을 붙여 조사를 해서 자백시켰다. 그 뒤 5월에서 6월로 넘어가면서 상하이에 소위 임시정부 내각이 교체되었는데 당시 외무총장이었던 여운형이 외무차장으로 떨어졌다. 따라서 여운형이 임시정부에 반감을 갖고 독립운동에 염증을 낼지 모른다는 장덕수의 말에 따라 여운형을 끌어들이기로 했다.[62]

상하이의 독립운동가들은 여운형 일행의 일본 방문을 두고 의견이 갈렸다. 상하이에서는 임시유호국민대회(臨時留滬國民大會)를 개최하여 여운형 일행의 일본 방문은 개인행동에 불과하다는 내용의 〈선포문〉을 발표하였다. 〈선포문〉은 애초에 신채호가 원세훈·한위건·옥관빈·신국권 등과 함께 선전위원으로서 국민대회의 위임을 받아 기초하기로 하였다. 그러나 〈선포문〉의 기초 과정에서 신채호·원세훈·한위건과 옥관빈·신국권 사이에 〈선포문〉에 포함할 내용을 두고 의견충돌이 있었다.[63] 결국 11월 17일에 신채호·원세훈·한위건의 주장에 따라 〈선포문〉이 공포되었다. 선포문에는 여운형이 민의를 위반하고, 독립정신에 위배된다는 내용이 포함되어 있었다. 그러나 제2회 임시유호국민대회의가 개최되었고, 대회의 결정에 따라 신채호·원세훈·한위건이 공포한 〈선포문〉을 무효로 하고, 새로 〈선포문〉을 공포하였다. 이 대회에서 신채호·원세훈·한위건은 기왕의 〈선포문〉에 대한 〈변해서(辨解書)〉를 제출하였다.

62. 〈제42회 제국의회예산결산위원회 제3분과 회의록〉, 1920년 2월 2일, 강덕상, 『여운형 평전』, 역사비평사, 2007, p.302. 김삼웅, 『몽양 여운형 평전』, 채륜, 2015에서 재인용
63. 이호룡, 『신채호 다시 읽기』, 돌베개, 2013, p.169

임시유호국민대회에서는 신채호·원세훈·한위건이 작성하여 공포한 〈선포문〉을 둘러싸고 찬성과 반대의 의견이 대립되었다. 결국 "三委員 申采浩·韓偉健(한위건)·元世勳(원세훈) 三氏에게 謝罪를 請함"이라고 하여, 신채호를 비롯한 세 사람에게 사죄를 청하게 되었다. 대회에서 결정한 사죄방식(謝罪方式)은 '前宣傳委員中申采浩·元世勳·韓偉健 三氏에게 執行員二人을 送하여 決議대로 施行케 하고 其結果를 謄刷分傳'하는 것이었다. 이 사건으로 인해 신채호는 임시정부와 갈등이 더욱 깊어지게 되었다.

당시 독립신문에서는 여운형 일행의 일본방문에 대해 다음과 같이 전하였다. '유호임시국민대회'의 소식에 첨부된 내용이다.

여운형(呂運亨) 씨 일행 언동(言動)

신문기자를 접견(接見)하고 1시간여의 화(火)와 여(如)한 열변(熱辯), 한국(韓國)의 독립을 절규(絶叫).

여운형(呂運亨) 씨 일행의 도일(渡日)한 사(事)는 본보(本報) 이미 보도(報道)한 바거니와 씨(氏의) 일행이 왜경(倭京)에 도(到)한 후(後), 왜정부당국자(倭政府當局者) 척식국장관(拓殖局長官) 고가(古賀廉次造), 육상(陸相) 다나카(田中義一), 총감(總監) 노다(水野錬太郎), 내상(內相) 도코지(床次竹二郎), 체상(遞相) 도다(野田卯太郎)과 기타 게각원(諸閣員)들을 접견(接見) 혹 역방(歷訪)하고 의견(意見)과 주장(主張)을 기탄(忌憚)없이 피력(披瀝)하다. 거월(去月) 27일에는 신문기자단(新聞記者團), 화평협회(平和協會)의 간부(幹部)와 기타 50여 명을 게국(帝國)호텔에 초대(招待)하고 우리 독립운동(獨立運動)의 경과(經過)와 한국인(韓國人)의 주장(主張)과 요구(要求)하는 바를 화(火)와 여(如)한 열변(熱辯)으로 1시간 20분 간 도도히

설거(說去)하다. 당석(當席)에서 토로(吐露)한 여운형 씨의 말은 왜자각보(倭字各報) 급(及) 동경발행(東京發行)의 영문각보(英文各報)에 다 게재(揭載)되었는데 그를 종합(綜合)하여 보건대 좌(左)와 여(如)하다.[64]

다음과 같은 편지에도 당시의 상황이 기록되어 있다. 임정에 비판적이다.

지난번에 소위 의정원(議政院, 대한민국임시정부임시의정원)의 신·최(申·崔, 신상완·최근우)와 상하이(上海)의 민단장(民團長)인 전외교차장(前外交次長)이었던 여운형(呂運亨)이 일인(日人) 후지다(藤田九皐)와 동행하여 동경(東京)으로 가서 무엇인가 상담(相談)하고 돌아왔으나 신채호(申采浩) 씨 등은 일본인과 악수하면서 운동(運動)함은 국민정신(國民精神)에 위반(違反)된다고 말하고, 제1회 국민대회(國民大會)의 결의(決議)로서 선포문(宣布文)을 발표하였는데 도산(島山, 안창호)은 신문기자에게 말하기를 여 씨가 도일(渡日)한 것이 지부지(智不智)와 결과의 양불량(良不良)은 앞으로 두고 보아야 할 것이며 역시 여론(興論)에 맡겨야 할 것이지만 여(呂, 여운형)는 성충(誠忠)스런 사람 운운하고 말했다.

도일하지 않는 것을 지(智)라고 한다면 어떻게 될 것이며, 앞으로의 결과가 좋다고 하면 어떻다는 것인지 또 불량하다면 어떠한 보구(補救)할 방법이 있는지 동녕(東寧, 이동녕) 씨에게 대하여 성재(誠齋, 이동휘)가 기자의 말은 어째서 이러냐고 질문하였더니 동녕 씨는 나는 신문기자와 만난 일이 없다고 하였으므로 신문사에 질문을 하니 기자는 분명히 이를 들었다고 하므로 국무회의(國務會議)에 정식(正式)으로 논의(論議)를 할 것을 성재(誠齋)가 재설(再說)하자 이(李, 이동녕)는 노하여 전일(前日)에 대답을 하였는데도 이제 또 소송(訴訟)함은 무엇 때문이냐고 말하면서 공중(公衆)에 대해서는 아무 말

<hr />

64. 『단재 신채호 전집』, 「留滬臨時國民大會會錄」(『獨立新聞』1919. 12. 25)

도 하지 않았다. 신문에 정오기사(正誤記事)를 낸다고 하였지만 이것도 하지 않았으며, 그 내용의 과정(過程)이 불명(不明)하다.

이를 엄(嚴)하게 말한다면 안도산(安島山, 안창호)는 일본행에 관계가 있는 것 같으며 이동녕(李東寧) 씨는 신문기자와 배가 맞았다고 말했는데 이동녕 씨는 말하기를 여사(如斯)한 일은 경미(輕微)한 일이며, 과장해서 말할 만큼의 문제가 아니라고 말하고 이에 대해 경고문(警告文)을 총리(總理)인 李東寧(이동녕)의 이름으로서 발(發)하였으나 그것은 총리 개인이 한 일로서 정부로서는 이를 모른다고 말했다. 옥관빈(玉觀彬) 등은 지나친 선포라고 말하면서 재차(再次) 제2, 제3회의 국민대회(國民大會)를 열어 다른 선포문을 발표하고 신채호(申采浩) 등에게 사죄(謝罪)하라고까지 결의(決議)하였다. 또 여(呂) 등이 귀래하였을 때에는 환영하는 자가 많았으며 변론연설(辯論演說)을 하게 되어 피등(彼等)이 간교한 설명을 할 때 성재 이동휘(誠齋 李誠齋)에게 연설을 시키려고 하였지만 이를 이루지 못했다.

더한층 통탄(痛嘆)할 일은 『신대한신문(新大韓新聞)』은 신채호 씨가 주간(主幹)하는 것인 고로 언론이 극히 정직(正直)·통쾌(痛快)하고 정부의 일을 규풍(規諷)하고 또한 주의(主義)가 박약(薄弱)한 논조(論調)와 요령부득(要領不得)인 설명행위(說明行爲)에 대해 용서 없이 게재(揭載)하였으므로 피등(彼等)은 이를 눈속에 가시처럼 생각하고 백방으로 저해(沮害)하여 폐간(廢刊)시키고 자기들의 기관지(機關紙) 소위 『독립신문(獨立新聞)』만을 존립(存立)시켰으며 지금으로서는 어떻게 할 수도 없다.

피등(彼等)의 소원(訴願)은 성공하는 것 같으며, 또 내지(內地)로부터 온 돈은 각자가 그러한 방면에 의해 중간에서 사용되고 소위 정부에는 아무 것도 들여놓지 않는 상황이다. 이러한 돈이 안으로는 소위 사관학생(士官學生)을 양성(養成)한다고 말하면서 구시대의 부위(副尉) 1인과 학교의 체조교사(體操敎師) 1인을 채용 청년 22명을 가르친다는 것이지만 무엇을 가르치는지는 모르나 그 돈을 서간도(西間島)에라도 보낸다면 사용하는 금액(金額)은 같은 것임에도 물가가 비싸고 기구(器具) 하나 없는 이곳에서 무엇을 하려느냐고 하는 자도 있다.

이것도 무관학교(武官學校) 운운하는 미명(美名)으로서 내지로부터 모집(募集)한 돈을 많게 하려는 것 같으며 당지(當地)에 현류(現留)하는 사람이 70여 명이나 된다. 매월 매명(每名)이 일화(日貨) 50엔(円) 씩은 필요할 것이며 그 위에 종종 서양요리(西洋料理)를 먹는데 이르러서는 능히 추찰(推察)할만하다. 여기에 의해 보건대 이번 봄 이래 당지(當地)에서 허비(虛費)한 돈은 얼마나 될 것이냐, 그런 고(故)로 정부에서도 담당하는 일이 없는 자는 타처(他處)로 송파(送波)하지 않는다면 경제상으로도 관계가 있으며 사업상으로도 무익할 것이며 실제로 당지(當地)에서는 성공할 가망이 없고 또 할 일도 없고, 외교는 불(佛, 프랑스) 조계(租界)에서 체포될 위험이 있을 때에는 먼저 통지를 하였다는 것뿐이다.[65]

의열단 「조선혁명선언」을 기초(起草)하다

의열단은 서간도 신흥무관학교 생도를 중심으로 1919년 11월 9일에 만주 지린성에서 조직된 항일 무장 독립운동단체이다. 약산(若山) 김원봉(金元鳳)이 단장을 맡았는데, 조직적인 무장투쟁과 폭력적 수단을 총동원하여 일제식민통치로부터 조국을 해방하려는 목적으로 창단되었다. 창단 후에 근거지를 베이징으로 옮긴 후인 1924년에는 약 70여 명의 단원이 있었고, 김구·김

---

65. 『단재 신채호 전집』, 「上海居住 排日鮮人의 書信」(1920. 2. 5), 『韓國民族運動史料』 三一運動篇 其一, 1978.

규식·김창숙·신채호 등이 고문 역할을 한 것으로 알려져 있다. 의열단에서는 공약 10조와 5파괴(破壞), 7가살(可殺) 등의 행동목표를 지침으로 채택하여 활동하였다.[66]

국내외에서 일제에 항거하기 위해 폭탄을 만들고, 암살과 파괴를 지원할 이론적인 측면의 필요성 때문에 김원봉은 신채호를 찾아서 의열단의 선언문을 부탁하였다. 1923년 1월 신채호는 상하이의 한 여관에서 선언문을 집필하는 과정에서 류자명에게 아나키즘[67]의 이론적 도움을 받았다. 이러한 정황은 다음의 글에 나타나 있다.

1923년 일본에서 관동대지진이 일어나자, 일본의 반동정치가들은 야만적인 잔혹한 행동으로 일본에 있던 조선인 2,000여 명을 도살하였다. 사람들을 분노하게 만든 대학살이었다. 이때 상하이의 '의열단(義烈團)'은 실천적인 행동을 통해 일제의 야만적인 도살에 반격을 가하기로 하고, 일제의 정치·경제기관을 파괴하는 한편, 선언서를 발표하였다.

이를 위하여 단재 선생에게 상하이로 와서 「조선의열단선언」(일명 『朝鮮革命宣言』을 말함)을 기초해 달라고 요청하였다. 이 선언이 발표되자, 단재를 알거나 단재 선생의 문장을 읽었던 사람들은 모두 약속하지도 않았는데 공동으로 "이는 단재의 글이다"라고

---

66. 의열단의 5파괴(破壞)대상은 조선총독부와 동양척식주식회사, 매일신보사, 경찰서, 기타 주요 기관이다. 7가살(可殺)은 총독부 고문과 군 수뇌, 타이완 총독, 매국노, 친일파 거물, 밀정, 반민족적 토호열신(土豪劣紳)이다. 의열단은 1920년 9월 14일 박재혁(朴載赫)이 부산경찰서에 들어가 서장을 폭사시켰으며, 밀양경찰서 폭탄 투척(1920년 12월 27일)과 조선총독부 청사 폭탄 투척(1921년 9월 12일) 등의 의거를 단행했다. 1926년 12월 28일에는 나석주(羅錫疇)가 동양척식주식회사와 조선식산은행을 습격했다.
67. 아나키즘은 개인을 지배하는 국가 권력 및 모든 사회적 권력을 부정. 절대적 자유가 행하여 지는 사회를 실현하려고 하는 '무정부주의'를 말한다.

말하였다. 단재 선생이 쓰셨기에 문장은 간소했지만 널리 퍼졌고, 일사천리로 조금도 걸리적거리는 곳이 없었다. 또 한 자 한 자에 애국주의의 격정이 대양처럼 흘러 넘쳤기에, 당시 조선문단에서 독보적인 것이 되어, 읽는 이들마다 손뼉을 치며 재삼 감탄하지 않는 이가 없었다.[68]

위에서 말한 것과 같이 베이징에서 신채호는 김원봉을 만났다. 두 사람이 만났을 때 김원봉은 상하이에서 왜적(倭敵)을 죽일 폭탄을 만들고 있으니 같이 가서 보고, 의열단의 혁명선언을 기초해 달라는 부탁을 하였다. 신채호는 김원봉을 따라 상하이로 가게 되었고, 「조선혁명선언」이 나오게 되었다. 의열단은 「조선혁명선언」에 〈조선총독부 관리에게〉라는 문서를 덧붙여서 대량으로 인쇄하여 공표하였다. 또한 의열단이 활동할 때마다 현장에 살포하여 그들의 행동이 정당성을 가지고 있다는 것을 대내외에 알렸다. 이는 의열단이 하는 의거가 명확하게 목적이 있다는 것과 무고한 사람들의 희생을 막고자 하는 의지가 있다는 것을 보여주는 것이다.

상하이를 여행하는 사람들이 의례적으로 들르는 곳 중 하나는 와이탄(外灘)이다. 이곳에서는 낮과 밤 모두 훌륭한 경치를 감상할 수 있다. 아편전쟁 이후 영국이 1873년에 영사관을 설치한 이래로 와이탄 지역은 상하이의 중심으로 자리잡았다. 이곳에서 여행객들은 조계 당시 서구식 건물이나 황포강 건너편의 동방명주를 배경으로 사진을 찍기 바쁘다. 그러나 이곳에서 의열단 단원인 오성륜, 김익상(1895~1925), 이종암(1896~1930) 등이 의거를 일으켰

68.「단재 신채호 전집」, 류자명,「조선의 애국 역사학자 신채호(申采浩)」

와이탄 야경

와이탄 동빙명주

다는 사실을 기억하는 이는 많지 않다. 이들은 1922년 3월 28일 일본군 육군대장 다타카 키이치(田中義一)가 필리핀에서 귀국하는 길에 상하이에 들른다는 정보를 입수하였다. 의열단에서는 다나카를 사살하기로 계획하였다.

오성륜은 다나카가 배에서 내릴 때 저격하기로 하였다. 오성륜이 실패할 때를 대비하여 김익상이, 김익상이 실패한 때를 대비하여 이종암이 각각 총을 쏘기로 순서를 정하였다. 이렇듯 치밀하게 준비한 거사는 결국 실패하여 근처에 있던 영국인 부인이 총에 맞아 현장에서 사망하였다. 오성륜과 김익상은 현장에서 탈출을 시도했지만, 와이탄 인근에서 체포되어 상하이 일본총영사관 경찰서로 잡혀갔다. 오성륜은 탈옥하였고, 김익상은 16년의 옥고를 치르고 귀국한 뒤에 실종되었다.

와이탄은 언제나 사람들로 북적인다. 지금은 독립운동가들의 흔적이 남아 있지 않다. 그저 관광명소에 지나지 않을 따름이다. 그러나 우리는 반드시 이곳에서 치열하게 살았던 이들을 기억해야 한다.

제3장. 집단 지성과 대화하다

베이징, 역사연구의 중심이 되다

　중국의 수도 베이징(北京)은 한국인들이 많이 찾는 관광지이다. 3천 년이 넘는 역사를 가지고 있다. 『사기(史記)』에 의하면, 기원전 1,122년 연도(燕都)라 칭했다. 연도는 옛날에 연(燕)나라의 도성이었기 때문에 붙여졌다. 베이징의 옛 이름은 '계(薊)'라 하였고, 고대부터 중국의 동북쪽지역에서 정치·군사적으로 중요한 지역이었다. 요(遼)나라 때는 난징(南京)이라는 부도(副都)였고, 뒤를 이은 금나라 때에는 연경(燕京)이라고 불렸다. 원(元)나라 때는 국도(國都)로 정하여 대도(大都)가 되어 중국 전역을 지배하는 정치중심지가 되었다. 명(明)나라를 설립한 주원장(朱元璋) 때에는 북평부(北平府)라 부르다가 명성조 주체(朱棣)가 정권 탈취에 성공한 후 1,406년 북평부를 순천부로 개칭하고 수도 천도를 준비하면서 원 수도였던 난징의 상대적 의미로 베이징이 탄생하였다. 이 명칭은 중화민국 시기인 1928년에 군벌세력을 타도하기 위한 북벌에 성공한 국민당이 난징정부를 수립하면서 베이징을 다시 베이핑으로 개칭할 때까지 사용되었다. 그 후 1949년 신중국이 성립될 때 베이징을 새로운 수도로 확정하면서 지금의 베이징이라는 이름을 되찾게 되었다.

신채호가 베이징을 떠나 기륭항에서 피체되어 영어(囹圄)의 몸이 되는 1928년(민국 17년)은 북벌전쟁[69] 후 국민정부가 수도를 난징으로 이전한 시기였다. 베이징은 다시 베이핑특별시가 되었고, 나중에 다시 베이핑시가 되었다. 난징민국정부행정원 소속이었다. 1930년 6월에 베이핑은 다시 허베이성 직할시로 되었다. 1930년 12월 다시 난징국민정부행정원(中華民國南京國民政府)[70]으로 복귀하였다. 중국에서는 통상 원세개가 사망한 1916년부터 국민정부가 북벌에 성공한 1928년까지를 북양군벌 시기로 보는데, 신채호가 베이징에 머물렀던 시기와 정확히 맞물려 있다.

베이징은 역사적으로 정치와 군사의 중심지 역할을 하였기 때문에 많은 명승고적이 있다. 자금성, 천안문, 만리장성, 이화원, 유리창 등을 둘러보면서 역사적인 의미를 찾을 수 있다. 베이징 주요 관광지는 중국의 역사적인 장소일 뿐만 아니라 조선시대의 연행(燕行)과도 관련이 깊다. 연행은 명·청(明淸) 시기에 조선의 사신(使臣)들이 중국에 다녀오는 것을 말하는데, 명나라 때는 조천(朝天)이라고도 했다. 조선의 사신들은 베이징에 머무는 동안 여러 곳을 둘러보면서, 자신들이 직·간접적으로 경험한 일들에 관한 기록을 남겼다. 베이징에서 그들의 행적을 따라 다니며 인문적 소양을 쌓는 일은 매우 의미

---

69. 1926년 7월 9일 국민혁명군 장제스가 베이징의 군벌 타도를 목적으로 행한 출병을 말한다.
70. 장제스의 중국 국민당이 국민혁명을 완수한 후 1928년에 국민정부의 행정부로 출범했다. 난징(南京)시절 행정원은 남경총독부 안에 있다.

있는 일이다. 하지만 베이징이 한국 독립운동사에서 갖는 의미와 그 역할에 대해서도 한 번쯤은 상기하며 관심을 가져야 할 것이다. 베이징에서 활동한 독립운동가들의 행적을 따라 답사를 하는 일도 큰 의미가 있다는 말이다.[71]

그리고 베이징 독립운동의 중심에 이회영, 김창숙과 함께 독립운동 시기 베이징3걸로 지칭되던 신채호가 있다. 물론 이육사 시인도 일본 헌병대 감옥에서 순국하였다.

신채호는 망명 초기를 제외한 대부분의 시간을 베이징에 머물며 활동했다. 그는 베이징에 있는 동안 여러 곳을 떠돌아다니며 한국사 연구와 집필에 매진했고, 조국의 독립을 위해 활동했다. 『국외 항일운동 유적지 실태조사 보고서』에 따르면 베이징 푸퉈안(普陀庵), 스떵안(石燈庵), 관인쓰(觀音寺) 등에 머물면서 독립운동과 역사연구를 했다고 나와 있다. 여기서는 신채호가 베이징에 머문 장소를 중심으로 그의 행적에 대해서 살펴보기로 한다.[72]

신채호가 베이징에 있었던 시기인 두 차례이다. 1914년 말부터 1918년까지. 1차 베이징 거주 시기이다. 그리고 1920년 9월부터 1928년까지 1차 베이징 거주 시기이다. 신채호 연보에 따르면 만주 일대를 답사한 후에 1914년 말에 베이징으로 이동하였다. 그때는 신채호가 35세 되던 해였다. 베이징 시기에도 역사현장을 찾아가는 것을 지속하였다. 고려영 유적지 답사[73]에서 알 수

---

71. 베이징의 재중항일역사기념사업회에서는 신채호와 관련된 행적지 35곳을 포함한 독립운동 유적지를 지도로 제작하고, 답사를 진행하고 있다.

72. 본 베이징의 답사내용은 재중항일역사기념사업회 이사장 정원순과 초대회장 홍성림의 현장 대담과 답사 안내를 활용하였다. 두 분께 내용의 깊이를 더할 수 있게 해주셔서 감사힘을 전한다.

73. 신채호, 『롱과 롱의 대격전』, 조선문학예술총동맹출판사, 1966. 신채호는 고려영에 굉장한 애착을 가지고 있었다. 고려영을 답사한 후 〈고려영〉이라는 시를 지었다. "고려영 지나가니 눈물이 가리 워라/나는 서생이라 개소문을 그리랴만/ 가을 풀 우거진 곳에 고적을 설어 하노라." 또한 역사소설 「백세 노승의 미인담」에서 "이 마을 일홈이 고려영이나 물은즉 고려 개소문이 당태종과 싸우던 곳인고로 고려영이린 일홈이 전하아왔다 힙듸다" 라고 고려영을 무대로 소·설속에 설정하였다.

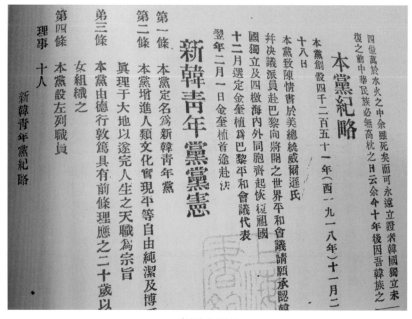

新韓靑年黨黨憲

四億萬於水火之中余雖死矣而可永遠立證者韓國獨立未
復之前中華民族必無高枕之日云余今十年後因吾韓族之

本黨紀略

本黨創設四千二百五十一年(西一九一八年)十一月二
十八日
本黨致陳情書於美總統威爾遜氏
本黨增派員赴巴黎向將開之世界平和會議請願承認韓
幷決議派員赴巴黎向同胞齊起恢復祖國
國獨立及四梀海內外同胞齊起恢復祖國
十二月選定金奎植爲巴黎平和會議代表
翌年二月一日金奎植首途赴法

第一條　本黨定名爲新韓靑年黨
第二條　本黨增進人類文化實現平等自由純潔及博_
真理于大地以途完人生之天職爲宗旨
第三條　本黨由德行敦篤具有前條理應之二十歲以
女組織之
第四條　本黨設左列職員
理事　十八

新韓靑年黨紀略

신한청년당당헌

있다. 1915년부터 1916년 사이에 신채호는 『조선사』, 『꿈하늘』 등과 같은 글들을 썼다. 1917년에는 국내로 밀입국하여 진남포에서 조카인 신향란(申香蘭)을 혼사 문제로 만났고, 다시 진남포에서 서울로 이동해 요절한 제자인 김기수(金箕壽)를 조문했다. 이후 신채호는 중국으로 다시 들어가, 같은 해 7월에 박은식, 신규식, 윤세복 등 14명의 인사들과 함께 〈대동단결선언(大同團結宣言)〉[74]의 발기와 활동에 참여하며 임시정부수립을 제창하였다. 1918년에 신채호는 푸퉈안(普陀庵)과 스땅안에 머물면서 『조선사』 집필을 계속하였다. 이 시기 신한청년단(新韓靑年團)의 발기인으로도 참여하였다.

---

74. 1917년 임시정부 수립을 위해 신규식, 박은식, 신채호, 조소앙 등 14명이 발기하여 작성한 선언문. 대동단결의 필요성, 국내 참상, 해외동지의 역할, 국제환경, 대동단결의 호소 등과 강령 구성

베이징에서 생활하던 신채호는 1919년 3.1운동 후에 상하이로 이동하여 임시정부 수립에 참여하였다. 임시정부의 외교노선에 반발하며, 무장투쟁이라는 다른 노선을 걷게 된 그는 1920년 9월에 다시 베이징으로 돌아와 군사통일회의[75] 개최를 준비하기 위한 군사통일촉성회 발기인의 한사람으로 참여하였다. 군사통일회의가 개최됐던 베이징 삼패자 화원은 현재 창관루(暢觀樓) 건물이 남아 농업박물관으로 꾸며 대외개방하고 있다. 또한 순한문 잡지 『천고』 간행을 준비하였다.

이듬해 1월에 『천고』 창간호를 간행하였는데, 3호까지 발행했다는 설과 7호까지 발행했다는 설이 있으며, 현재 베이징대학 도서관에 창간호와 2호, 3호가 소장되어 있으나 일반열람이 불가능하다. 같은 해 4월에 김원봉(金元鳳)·김창숙·남공선·이극로(李克魯)·박건병(朴健秉) 등 54명이 연대서명한 〈성토문(聲討文)〉을 발표하였다. 이 성토문은 이승만과 정한경(鄭翰景)이 미국 정부에 제출한 위임통치건에 대한 것이며, 이를 계기로 하여 이승만은 탄핵에 이르게 되었다.

진스팡제 21호

---

75. 1921년 베이징에서 독립운동을 위한 군사단체 대표자가 모여 군사 통일을 논의한 회합. 박용만, 신채호, 신숙 등 9명이 1921년 4월 21일 베이징시 삼패자화원에서 군사통일주비회를 개최하였다.

이후에 신채호는 박용만·신숙 등과 함께 베이징군사통일회의를 준비하며, 상하이의 임시정부와 임시의정원을 부인하기로 결정하였다. 이러한 그들의 의지를 나타내기 위해서 『대동(大同)』이라는 잡지를 1921년 6월에 간행하였 다. 1922년에 신채호는 김원봉의 초청으로 상하이로 가게 되는데, 그곳에서 류 자명과 함께 1개월 정도 머물면서 「조선혁명선언서(朝鮮革命宣言書)」를 집필하여, 이듬해인 1923년 1월에 발표하였다. 1923년 1월에 시작된 국민대표회의는 1919년 만세운동 이후 뚜렷한 성과 없이 침체일로를 걷고 있던 독립운동계 를 재편하기 위한 것이었다. 하지만 기대와 달리 국민대표회의가 또 다른 분 열을 낳은 채 무위로 돌아가고 당시 44세였던 신채호는 대전환의 시기를 준 비한다. 1923년부터 1928년 타이완에서 피체될 때까지 왕성한 집필활동, 출 가와 환속, 행동하는 아나키스트로의 변신 등이 그의 독립운동 방향에 대 한 깊은 고민을 대변해 준다.

진스팡제, 박자혜를 만나다

진스팡제(錦什坊街)는 자금성[76]의 서쪽에 위치하고 있다. 앞에서 살펴본 바 와 같이, 신채호는 1914년 봉천성 환인현의 동창학교 교사로 재직하며 청년 들을 조직해 만주와 백두산 일대를 답사하던 중 일제에 의해 학교 폐교와 교사 축출령이 내려지자 베이징으로 거처를 옮겼다. 이때 신채호가 베이징으 로 올 수 있도록 도운 사람은 이시영(李始榮)이다.[77] 신채호는 이시영과 신민

---

76. 자금성, 명조와 청조의 궁전, 1406년 명나라 영락제 명령으로 짓기 시작하여, 1407년부터 24명의 황제가 거주하던 궁궐. 자금이라는 이름은 북두성의 북쪽에 위치한 자금성이 천자가 사는 곳에서 비롯되었다.
77. 최옥산,「문학자 단재 신채호론」,인하대학교 박사학위논문, 2003, p.37

회 시절부터 잘 아는 사이였다. 최옥산의 논문을 보면, "거기서 얻어먹을 데도 없고, 싸움질 하는 것도 보기 싫고, 그래서 북경으로 뛰어 왔지요. Y씨네 형제분이 오라고도 그리고." 신채호는 이광수를 만났을 때 베이징에 온이유를 밝혔다. 신채호가 말한 Y씨네 형제 중 이회영은 1913년 봄에 이미한국에서 활동하고 있었으므로, 신채호의 베이징행과는 무관하다고 밝히고있다[78]. 그동안 신채호를 베이징으로 이끈 사람은 이회영(李會榮, 1867~1932)으로 잘못 알려지기도 하였다. 신채호가 난뤄구샹(南羅鼓巷)의 차오떠우후통(炒豆胡同)으로 이사를 하기 전까지 진스팡졔에서 거주하였는데, 이곳은 주로자금성의 서남부에 위치하고 있다.

진스팡졔 21호는 신채호가 박자혜(1895~1943)와 재혼하여 신혼집을 차린곳으로 알려져 있다. 신채호는 중국으로 망명하기 전인 1895년에 풍양 조씨(豊壤 趙氏)와 혼인을 했다. 그때 그의 나이 16세였다. 1909년 혼인한 지 14년만에 첫째 아들 관일(貫日)이 태어났지만 요절하고 말았다. 이때 신채호는 서울 삼청동(三淸洞)에 살고 있었다. 부인의 젖이 모자라서 우유(연유)를 사다 주었는데, 아들에게 잘못 먹이는 바람에 세상을 떠나고 만 것이다. 이때 신채호의 분노는 대단했고, 결국 부인 풍양 조씨와는 이혼을 하게 되었다. 이러한 상황을 변영만(1889~1954)은 다음과 같이 기록하였다.

**나는 일찍이 장원서(掌苑署) 다리 서쪽에 있는 단생(丹生, 신채호)의 집을 방문하였다.
뜰 가운데 커다랗게 던져진 물건이 있고, 우유통 대여섯 개가 수채구더기에 버려져 있**

78. 최옥산, 위의 논문, p.36

었는데, 우유 찌꺼기가 흘러나온 것이 차마 볼 수 없었다. 방안으로 들어가니 단생이 분이 아직 식지 않아 나를 쳐다보고도 못 본 척하였다. 내가 괴이히 여겨 그 까닭을 물으니 단생은 아직 치솟은 화가 등등하다가 이에 말을 끊었다 이으며 급한 듯이 다시 천천히 말하기를, "관일(貫日, 신관일)의 어미가 젖이 나오지 않으니 천하에 이런 여자가 있단 말이오? 내가 약간의 우유병을 구하여 대신하라고 주었더니, 그녀가 그것을 케 대로 먹일 줄을 알지 못하고, 관일은 병이 들어 죽으려고 하기에 내가 모두 뒤져다가 버리는 참이오!"라고 한다. 말을 마치고 뛰어 일어나 또 무슨 일을 커지를 듯하였다. 나는 그를 억지로 붙들어 자리에 앉히고 갖은 말로 위로하여 겨우 무사하게 되었다.

관일(貫日)은 단생이 새로 얻은 사내자식인데 그 관일이라고 이름 지은 뜻이 어디에 근거를 둔 것인지 알 수 없다. 얼마 뒤에 다시 그의 집을 방문하니, 그의 질녀 란(蘭, 신 란)이 뜰아래 넋 나간 사람으로 무엇을 생각하는 듯하였고, 그의 방으로 들어가 보니 단생은 높은 소리로 읊는 것이 깨끗하게 한 세상을 내려다보는 것 같았다. 내가 무슨 좋은 일이라도 있느냐고 물으니 단생(신채호)이 유연하게 대답한다.

"그런 일 없어. 그런데 관일이 마침내 백홍(白虹)이 되었어." 나는 깜짝 놀라 눈을 휘둥그레 뜨면서, 단생이 일청한 궤범(軌範)이 없고 은애(恩愛)를 가벼이 여기는 것을 모자라게 생각하였다. 드디어 참담한 마음으로 물러나와 이내 얼마 동안 내왕이 없었다. 그 뒤 언젠가 단생이 그의 부인 조씨를 친가에 보냈다는 말을 컨하는 사람이 있었다.

단생(신채호)은 얼마 뒤에 나에게 들려 아내와 헤어진 일을 말하기를, "서로 편안하자는 데에서 나온 것이오 다른 뜻은 없소."라고 하였다. 조금 뒤에 서운한 듯이 일어

나면서," 나도 이 길로 떠나려고 하오. 지금 작별하러 온 것이요"라고 했다.[79]

변영만은 신채호와 서로 깊이 교유하였다. 두 사람은 성균관에서 같이 공부하였고, 수당 이남규(1855~1907) 문하의 동학이었다. 신채호가 변영만보다 9살 위였지만, 두 사람은 서로 가깝게 지내던 사이였다. 변영만은 위의 글에서 신채호의 아들 관일이 연유(煉乳)를 잘못 먹은 탓에 체증(滯症)으로 변을 당한 사정을 말하고 있다. 아들을 잃고 난 후에 만난 신채호의 언행에 대해 변영만은 '은애(恩愛)', 곧 부모와 자식 간의 애정을 가볍게 여기는 사람이라고 생각하였다. 신채호가 풍양 조씨와 헤어지게 된 것은 아들 관일의 요절에 대한 책임을 물은 것이라고 한다. 그러나 망명을 결심하고 있었던 신채호가 미리 부인과 이혼을 했고, 아들의 요절은 하나의 계기가 된 것으로 보는 시각도 있다.[80]

베이징에서 신채호는 박자혜를 만나 재혼하였다. 이는 이회영의 부인 이은숙의 중매에 의한 것이었다. 박자혜는 어린 시절 아기나인으로 궁궐로 들어갔다. 그곳에서 그는 궁녀의 신분에 적합한 유교적인 여성관을 교육받았다. 15세에 궁녀 신분을 벗어난 후 숙명여학교에 입학하였다. 박자혜가 궁녀 신분을 벗어나게 된 것은 1910년 12월 30일 '황실령 제34호'에 따라 황실이 관장하던 업무

79.『단재 신채호 전집』, 변영만,「단재전(丹齋傳)」
80.『단재기행』(72쪽)에서는『대한매일신보』에 다음과 같은 광고가 실렸다고 하였다.
  "본인의 소유 초가 6칸의 문권(文券)을 알지 못하는 사이 분실하여 이에 광고하오니 혹 누가 습득하더라도 쓸모없는 휴지로 처리하시오. 경북서(京北署) 삼청동 2통 4호 신채호 백."
  신채호의 집터였던 곳으로 추정되는 장소는 현재 삼청동 2-1번지는 서울시가 소유한 공유지인데, 인근 사찰에서 임대하여 주차장으로 사용하고 있다.

를 이관하는 이왕직관제(李王職官制)[81]를 새로 제정하였기 때문이다. 한 달 후에 궁내부 소속이었던 고용원과 원역이 해직되었고, 박자혜 역시 궁녀 신분을 벗어나게 되었다.

박자혜는 숙명여학교를 졸업한 후에 사립 조산부양성소에서 조산부 자격증을 취득하고 총독부의원 산부인과에 취직했다. 그러던 중 3.1 운동이 발발하자 '간우회'[82]를 조직하고 만세운동에 참여하였다가 일경에 의해 체포되었다. 일제가 비폭력 만세운동을 무력으로 강제진압하는 과정에서 부상자는 속출했고, 당시 서울의 각 병원에는 부상자들로 넘쳐났다. 간호사로 이런 상황을 목도한 박자혜는 나라를 잃은 슬픔과 울분을 느끼게 되고, 간우회를 조직했던 것이다. 유치소에서 풀려난 후에 그는 바로 망명길에 오른다. 중국 봉천(선양)에서 정비소를 경영하고 있던 우응규를 수소문 끝에 찾아가 망명을 하게 된 사정을 설명하고 도움을 청했다. 우응규는 봉천에 박자혜를 위해 임시숙소를 마련해 주는 등 편의를 베풀고, 베이징으로 가서 연경대학에 편입학할 수 있도록 부탁하는 편지와 여비를 준비해주었다. 우응규의 도움으로 박자혜는 순조롭게 연경대학 의예과에 입학할 수 있었다.

연경대학을 다니던 박자혜는 이은숙으로부터 신채호를 소개받고, 두 사람은 1920년 4월에 진스팡제에 셋집을 얻어 가정을 꾸리게 된다. 신채호와 박자혜의 결혼생활에 대해 1928년 12월 12~13일 자 동아일보의 기사 가운데는 다음과 같은 내용이 있다.

---

81. 이왕직(李王職)은 1910년 일제에 의해 대한제국황실(大韓帝國皇室)이 이왕가(李王家)로 격하됨에 따라 기존의 황실업무를 담당하던 궁내부(宮內府)를 대신하여 설치된 것이다. 이왕직의 이(李)는 조선 왕실의 전주 이 씨를 지칭하고, 왕(王)은 일본의 왕실봉작제의 작위명(爵位名)을 의미한다.
82. 간우회는 간호사들의 독립운동 단체

박자혜 여사는 그와 인연을 맺고
동거한 지는 지금으로부터 구년 컨인
기미년 봄이었다. 어찌어찌 서로 혼담
이 성립되어 결혼하자 바로 베이징(北
京)에서 여관생활을 시작한 것이 처
음 사랑의 보금자리이었으나, 세상 사
람같이 펴놓고 마음 놓고 살아보지는
못하였고 가장이 피해 다니는 데로
그 뒤를 따라 삼년 동안이란 긴 세월
을 풍찬노숙으로 경과하여 왔으니, 체
험이 없는 사람은 상상도 하지 못할

베이징 협화병원

비참하고 곤궁한 생활을 하루같이 하여 왔을 쩍에 청황이 없이 날뛰고 다닌 것도 한
두 번이 아니요, 피눈물로 객지의 춘추를 맞이한 것이 지금 와서도 역력히 기억에 남
아 있다 한다.[83]

　　1922년 경제적인 문제로 인해 신채호는 부인과 갓 돌을 지낸 아들을 국내
로 보내게 되었다. 국내로 돌아온 박자혜는 '산파 박자혜'라는 조산소(助産所)
를 열어 힘들게 생활하면서 신채호의 독립운동을 지원했다. 그녀는 당시 많
은 독립운동가 아내들처럼 남편의 독립운동을 지원하는 보급기지의 역할을

83. 「단재 신채호 전집」, 「申采浩 夫人 訪問記」 『東亞日報』1928. 12. 12 · 13

담당한 것이다.[84] 그러나 그녀의 산파업은 별로 벌이가 좋지 않았다. 따라서 조선으로 돌아온 신채호의 부인과 아들은 생활이 넉넉하지 않아 삼순구식[85]도 힘든 상태였다.

신채호가 관동청형무소에 있을 때 면회를 온 사람을 통해 부인에게 솜을 두둑이 넣은 조선옷과 버선을 부탁한 적이 있다. 그러나 당시 『동아일보』의 〈신채호 부인 방문기〉에 따르면 박자혜는 "다롄이야 오죽 춥겠습니까. 서울이 이러한데요"라고 말하며 눈물을 흘릴 뿐이었다고 한다. 이어지는 기록에서 "그의 편지 한 끝에는 조선옷에 솜을 많이 넣어 두툼하게 하여 보내 달라는 부탁이 있으나 우선 어린아이를 거느리고 살아갈 길도 망연하니 옷한 벌 부칠 재료가 있을 리 없다"라고 하여 경제적으로 너무 힘든 상황이기 때문에 멀리 중국의 감옥에서 고생하는 신채호에게 옷을 보낼 수 없는 안타까운 상황을 전하고 있다. 더구나 그는 방세도 지불하지 못하여 석 달이나 밀려서 집주인의 독촉을 받고 있었다. 신채호가 체포되었다는 소식을 듣자 동아일보에서 박자혜를 방문하였고, 신채호 일가의 어려운 상황이 기사화되자 전국에서 가족들을 위해 후원금을 보내왔다고 한다.[86] 그러나 이는 일시적인 도움이었을 뿐 그 후로도 조선에 있는 신채호 가족의 삶은 더 나아지지 않았다.

신채호의 가족들을 괴롭힌 것은 무엇보다도 일제의 감시와 탄압이었다.

---

84. 윤정란, 「일제강점기 박자혜의 독립운동과 독립운동가 아내로서의 삶」, 『이화사학연구』, 이화사학연구소, 2009, p.84
85. 삼순, 곧 한 달에 아홉 번 밥을 먹는다는 뜻으로, 집안이 가난하여 먹을 것이 없어 굶주린다는 말
86. 윤정란, 위의 논문, p.86

큰아들인 신수범은 등하교길에 시시때때로 일본경찰에 의해 가방검사를 당했다고 한다.[87] 박자혜는 이렇듯 어려운 상황에도 불구하고 아들 수범의 교육에 최선을 다하였다. 한번은 계속되는 생활고에 수감 중인 신채호에게 하소연한 적이 있는데, 신채호로부터 "내 걱정은 마시고 부디 수범 형제 데리고 잘 지내시며, 정 할 수 없거든 고아원으로 보내시오"라는 회신을 받고 더욱 더 설움에 복받친 일이 있었다고 한다. 아무리 조선의 독립을 위해 헌신하는 것을 사명으로 알았더라도 현실적인 어려움 앞에서는 약한 인간의 모습을 보일 수밖에 없었던 것이다.

신채호가 자식과 관련해 위와 같이 언급한 것은 진심과는 거리가 먼 것이었을 것이다. 신채호 역시 아버지로서 자식 걱정에 밤잠을 설치면서도 본인이 처해있는 상황이 여의치 않기 때문에 부인에게 마음에도 없는 말을 했던 것이다. 이러한 신채호의 마음을 아내라고 몰랐을 리 없겠지만 계속되는 생활고는 헌신적인 독립운동가의 아내조차 견디기 힘든 상황으로 몰아갔을 것이다. 1936년 신채호가 옥중에서 순국한 후, 큰아들 수범이 학교를 졸업하자 중국으로 보낸 박자혜는 둘째 아들 두범과 셋방을 전전하며 끼니 거르기를 밥 먹듯이 하던 중 1942년 두범이 숨지고 만다. 결국 박자혜 자신도 1943년 병으로 세상을 떠났다. 1990년 대한민국 정부는 그의 공훈을 기려 건국훈장 애족장을 추서하였다. 신채호와 박자혜를 통해 독립운동가와 그 가족의 삶이 얼마나 곤궁하고 비참했을지 짐작하고 반드시 기억해야 할 것이다.

---

87. 윤정란, 위의 논문, p.86에서는 이에 대해 박자혜가 어린 수범을 시켜 다른 독립운동가들과 정보를 주고받을 수 있을 가능성 때문이라고 하였다.

난뤄구샹 후통(현재 이 일대는 관광객들로 북적이고 있다)

『천고』를 발행하다

난뤄구샹(南鑼鼓巷)은 베이징에서 원나라 대도 시기에 조성된 고대 도시골목 형태를 가장 완전하게 보존하고 있는 지역이다. 난뤄구샹 내 수 많은 골목을 포함해 북방에서 흔히 골목의 의미로 사용되는 후통은 원나라 대도 시기의 명칭에서 유래한 것으로 베이징의 구도심을 중심으로 큰길에서 주거지역으로 뻗어들어간 좁은 골목길을 말한다. 후통(胡同)은 후통(衚衕)이라는 글자를 줄여 쓴 것이다. 원나라 때 베이징의 도시 건설은 나름대로의 원칙을 가지고 이루어졌지만, 명나라 때부터는 도시 건설에 있어 일정한 규정이 없이 불규칙한 골목들이 생겨났다. 베이징의 후통은 사합원(四合院, 사격형으로 마당을 둘러싼 중국 특유의 집)이 많고 명물로 알려졌으나 2008년 베이징올림픽을 기점으로 많은 수가 철거되었다. 이 중에서 난뤄구샹 일대는 베이징에서 가장 오래된 지역으로 남북으로 난 주도로를 중심으로 동서로 뻗어나간 후통

후통 내부 식당(후통의 식당들은 새롭게 바뀌고 있다)

이 16개 정도 남아있다.

후통은 지금도 거주민이 살고 있는 곳이며, 난뤄구샹도 주도로를 제외하면 비교적 조용한 편이다. 그러나 최근 특색 있는 식당이나 카페, 상점들이 많이 들어서서 베이징의 새로운 명소로 많은 사람들이 찾고 있다.

서울에 있는 서촌(西村)이나 북촌(北村)처럼 관광지 아닌 관광지인 셈이다. 골목으로 들어가면 보존 상태가 좋은 오래된 고택들이 자리하고 있다. 베이징관광국 홈페이지의 정보를 참고하면, 마오얼후통(帽儿胡同)에서 청의 마지막 황제 푸이(1906~1967)의 황후 완룽의 사가를 찾을 수 있다고 한다. 청조의 학자 문욱(文煜)의 저택과 중화민국 초기 군벌인 펑궈장(冯国章)의 옛집도 이 골목에 있다.

위얼후통(雨儿胡同)에는 중국의 피카소라 불리는, 현대화가 치바이스(齐白石, 1860~1957)의 옛집이 기념관으로 꾸며져 있다.

마오얼후통(이회영 집이 있던 곳이다)   차오떠우후통

    난뤄구샹의 남쪽 초입에 위치해 있는 차오떠우 후통(炒豆胡同)은 신채호가 머물렀던 곳이다. 지금 그가 살았던 집을 정확하게 지목할 수는 없다. 진스 팡제에서 이곳으로 옮긴 것은 1921년 1월 무렵이다. 이사한 후 얼마 지나지 않아 아들 신수범(申秀凡)이 태어났다. 이때부터 부인과 아들을 귀국시키는 1922년 중반까지 차오떠우후통에서 살았다. 이곳과 관련하여 이윤재(李允宰)의 기록이 있다.

    신채호(申采浩)씨의 이름은 일찍 『대한매일신보(大韓每日申報)』에서와 『대한협회월보(大韓協會月報)』에서와 『권업신문(勸業新聞)』(해삼위(海蔘威)에서 발간)에서와 『쳔고(天鼓)』(베이징에서 발간)에서 익히 알았고, 『을지문덕쳔(乙支文德傳)』·『쳔개소문쳔(泉蓋蘇文傳)』·『최도룽쳔(崔都統傳)』 기타 역사논문 등을 읽어 그 성격(性格)을 잘 알았을 뿐이요, 아직 면식(面識)한 일은 없었다. 이렇게 일찍 서로 면분(面分)이 없는 터에 친컬하게도 먼커 찾아줌에는 무어라고 형용(形容)할 수 없는 고마운 청을 스스로 금할 수 없었다.

나는 곧 양차(洋車)를 불러 차오떠우후퉁(炒豆胡同)으로 찾아갔다. 문컨(門前)에 다다라 나는 조선에서 하던 버릇으로 큰 소리로 두어 번 불렀다. 별안간 중국 순경 하나가 내 앞에 내닫더니 무어라고 자꾸 툴툴거린다. 나는 한 마디도 알아듣지 못하고 그커 멀뚱멀뚱하고 섰노라니까 안으로부터 부인(단재 신채호 부인 박자혜(朴慈惠) 씨)이 나와서 순경하고 몇 마디 말을 하여 그를 돌려보내고 나를 인도하여 집 안으로 들어간다. 뒤에 알고 보니 그 순경의 말은 어떤 사람이건대 문을 두드리지 않고 마구 들어가려 하니 그런 무례(無禮)한 짓이 어디 있느냐 하는 것이라 한다. 나는 속으로 스스로 우습기도 하고 미안하기도 그지없었다. 이때 단재(丹齋)는 방에 누워서 책을 보고 있다가 나의 명함을 받고 일어나 반갑게 맞으며 서로 굳은 악수를 하였다.[88]

이곳에서 우리가 기억해야 하는 것은 신채호가 순한문잡지 『천고(天鼓)』를 창간한 일이다. 위에서 잠깐 언급한 것과 같이 『천고(天鼓)』는 1921년 1월에 창간호가 간행되었는데, 연구자에 따라서 3호와 7호까지 발행되었다는 견해가 있다. 연보에서는 1921년 7월까지 7호를 간행한 후 폐간한 것으로 보고 있다. 『천고(天鼓)』에서 신채호는 민족단합과 한·중이 공동으로 독립의 이념을 세울 것을 강조하였다. 『천고(天鼓)』의 간행에는 김창숙(金昌淑)과 박숭병(朴崇秉) 등이 참여했다. 류자명은 다음과 같이 『천고(天鼓)』간행에 대해 말하였다.

나는 1919년 12월에 상하이(上海)를 떠나 한성(漢城)으로 돌아왔다. 1921년 봄에 다시

---

88. 「단재 신채호 전집」, 이윤재, 「北京時代의 丹齋」

출국하여 베이징(北京)에 도착하였다. 그때 단재 선생은 베이징에 있으면서 역사 저술에 컨심컨력하고 있었다. 역사를 저술하는 일에는 박숭병(朴崇秉)이 지원 협조하였다. 단재 선생은 그의 집에서 거주하였고, 주식(住食)과 저술에 들어가는 비용은 모두 박숭병이 부담하였다. 단재 선생은 한문으로 된 『천고(天鼓)』라는 잡지를 간행하였다.[89]

『천고(天鼓)』의 간행과 관련하여 다음과 같은 기록이 있다. 잡지를 창간할 때 신채호가 얼마나 고심을 했는지, 그 과정을 보여주는 기록이다.

그때 마침 『천고(天鼓)』라는 잡지(雜誌)를 주간(主幹)하였었는데, 미미(微微)한 등하(燈下)에서 모필(毛筆)로 붉은 청간을 친 원고지에다가, 철야 집필하는 것을 목도하였다. 그 창간사인 듯 '천고, 천고여, 한 번 침에 무슨 소리가 나고, 두 번 두드림에 어디가 울린다'는 의미의 글인 듯이 몽롱하게 기억되는데, 한 구절 쓰고는 소리 높이 읊고, 몇 줄 또 써내려 가다가는 붓을 멈추고 무릎을 치며 위연히 탄식하는 것이, 마치 글에 실진(失眞)한 사람같이 보였다.

붓끝을 놀리는 대로 때 묻은 '면포자(棉袍子)'의 소매가 번쩍거리는데, 생각이 막히면 연방 연초(葉草)에 침질을 해서 말아서는 태워 물고 빠끔빠끔 빤다. 그러다가 불시에 두 눈에 이상한 측광(仄光)이 지나가는 동시에, 수제(手製) 여송연(呂宋煙)을 아무데나 내던지며 일변 붓에 먹을 찍는다. 나는 그 생담배 타는 연기에 몇 번이나 기침을 하였었다.[90]

89.「단재 신채호 전집」, 류자명, 「조선의 애국 역사학자 신채호」
90.「단재 신채호 전집」, 심훈 「丹齋와 于堂」, 『동아일보』 1936. 3. 12~13

따헤이후 후통, 힘겨운 날들이 연속되다

따헤이후 후통(大黑虎胡同)은 현재 베이징 서성구(西城區)에 있는데, 구러우(鼓樓) 대가(大街) 부근이다. 결혼도 하고, 아들도 얻었지만 망명 생활을 하는 독립운동가로서의 신채호의 삶은 여전히 어려운 상황이었다. 결국 극심한 생활고 때문에 부인과 아들은 조선으로 보내고, 신채호는 다시 홀로 생활하게 된다. 그는 거처를 차오떠우후통에서 가까운 거리에 있는 따헤이후 후통으로 옮겼다. 이곳은 주변의 골목 중에서도 가장 초라한 곳이다. 앞에서도 말한 것과 같이 극심한 생활고로 인해 사랑스러운 아내와 아들을 조선으로 보낼 수밖에 없는 상황이었기 때문에 선택의 여지가 없는 일이었다.

일부 기록에서는 신채호가 이곳에 살 때 벽초 홍명희(碧初 洪命熹)가 방문한 적이 있었는데, 홍명희는 신채호의 집에 들어간 후에 그의 이불이 너무도 더러워서 잠을 자지 못하고 나오고 말았다는 일화를 소개하고 있다.[91] 여기까지만 들으면 이곳에 살 당시 단재의 생활이 극도로 궁핍한 것을 말해주는 내용이다. 그러나 이는 자료를 잘못 인용한 것에서 빚어진 오해이다. 이러한

---

91. 최근 대부분의 정보는 인터넷을 통해 생산과 확산이 되고 있다. 다음과 같은 내용 역시 인터넷에 검색에서 쉽게 접할 수 있다.
　"가족이 떠난 후 단재의 삶은 더욱 곤궁해졌다. 단재는 집을 차오또우후통에서 멀지 않은 따헤이후후통(大黑虎胡同)으로 옮겼다. 길이 150미터의 협소한 골목으로 이 인근에서 가장 작고 초라한 곳이다. 이때 벽초 홍명희도 단재의 집에 들렀다가 기겁할 만큼 더러운 이불로 인해 잠을 자지 못하고 집을 나왔다. 사실 이 이불은 단재가 벽초가 찾아오기 얼마 전 찾은 한 노인집에 이불이 너무 초라해 바꾸어 준 것이었다. 이 때 단재는 이불의 위생으로 사람을 평가하는 벽초를 꾸짖었다고 할 정도로 세상에 막힘이 없는 인물이었다."
　많은 사람들이 인터넷 검색을 통해 정보를 얻고 있는 시대에 위의 사례는 작은 것일 수 있지만, 사료(史料)를 보다 철저하게 공부해야 한다는 측면에서 소개하였다. 더구나 확인되지 않은 역사적 사실이 극적인 이야기가 될 때 더욱 주의해야 한다. 필자도 위의 일화에 대해『단재 신채호 전집』을 찾아 대조하기 전에는 사실로 믿고 말았다. 지금은 오류가 정정되었지만, 이회영의 순국 장소가 중국 다롄의 뤼순감옥이었다는 것도 하나의 사례로 들 수 있다. 이회영과 신채호의 개인적인 관계를 고려할 때, 두 사람이 같은 감옥에서 다른 감방에 투옥된 후 서로 만나지 못한 채 죽음을 맞이했다는 것은 얼핏 보아 감동적인 일화가 될 수 있다. 그러나 이는 역사적인 사실과는 다르기 때문에 주의해서 확인해야 한다.

사정은 다음의 기록에서 확인할 수 있다.

　한번은 『대한매일신보(大韓每日申報)』 사장이었던 영국인 배설(裵說, 베델)이 단재(丹齋)를 미국에 유학(留學) 보내기 위해 주선(周旋)하고 있을 무렵이었다. 마침 단재가 자고 있는 방(房)을 한밤중에 들여다보게 된 벽초(碧初, 홍명희)가 깜짝 놀랐다. 이불이 너무나 더러웠기 때문이다.

　이튿날 벽초(碧初)가 장도빈(張道斌)에게 이런 말을 했다.

　" 단재 같은 추한 사람을 미국에 유학을 보내면 조선인의 망신이오."

　장도빈이 이 말을 듣고 단재에게 충고를 했다.

　" 단재는 어떻게 해서 그런 더러운 이불을 덮고 있소. 컨에 보니 이불이 그처럼 험한 것 같지는 않던데."

　이 말을 들은 단재(丹齋)는 벌컥 화를 냈다.

　"벽초는 내가 미국 가는 걸 시샘하는 모양인데 사실은 자기가 미국에 가고 싶어서 그러는 거겠지. 하지만 나는 이 여행이 내키지 않아 승낙을 하지 않고 있는데, 그걸 뻔히 알면서 행여나 하고 험구까지 늘어놓고 있으니 졸장부로군."

　하고 화를 냈다. 이때 마침 선생(신백우)이 옆에 있다가 자초지종을 설명했다. 선생이 들려준 내막은 이러한 사연이었다.

　수일 컨에 단재(丹齋)가 사는 서울 삼청동(三淸洞) 이웃에 움막 같은 집이 있는데, 가난한 품팔이꾼이 병든 80 노모(老母)를 모시고 거의 굶다시피 하고 있는 것을 보고 선생이 쌀을 한 되 사다주었다. 단재(丹齋)가 옆에 있다가 그 노인이 덮고 있는 이불을 보고 말을 꺼냈다.

"병든 노인이 저 이불로 겨울을 지낼 수가 있나. 내 이불하고 바꾸면 좋겠는데 대부(大父)의 의견이 어떻소."

"그거야 단재(丹齋) 생각대로지 내가 대답할 것이 아니요."

"내 이불은 대부가 해다 준 것이니 해다 준 사람과 덮는 사람이 다르다 뿐이지 아직 이불 임자는 대부가 아니요."

이 말에 선생은 가가대소를 했다.

"물유각주(物有各主)라.... 이제 임자를 바꾸겠으니, 나에게 남아 있는 약간의 임자구실을 포기하라는 말이군요."

단재(丹齋)의 생각대로 하라는 말이었다. 이리하여 깨끗한 이불과 그 노인의 누더기 이불이 바꾸어졌던 것이다.

이러한 내막을 설명하며 끝으로 선생은 이렇게 덧붙였다.

"벽초(碧初)는 이불이 더럽다고 하기 전에 단재(丹齋)의 장한 뜻을 알아야겠고 단재(丹齋)는 벽초의 말을 시기로 알기 전에 그 말이 사실을 가리킴을 시인해야 할거요."

이렇게 해서 판가름을 했다. 장도빈(張道斌)이 웃으며 탄복을 했다.

" 단재(丹齋)의 슬기로운 자선이요. 벽초의 좋은 충고였소. 그러나 경부(畊夫, 신백우)의 현명한 심판이 으뜸이구려."

좌중(座中)의 분위기는 한결 누그러졌다.[92]

1922년 12월에 신채호는 김원봉의 초청으로 상하이로 갔다. 바로 의열단 활동과 관련된 것이다. 1개월간 상하이에 체류하면서 신채호는 의열단의 폭탄제

92.『단재 신채호 전집』, 신백우,『畊夫申伯雨』

조소를 두루 시찰한 후에 의열단 선언문 집필을 부탁받았다. 신채호는 류자명과 함께 여관에 머물면서 「조선혁명선언」을 기초하고, 1923년 1월에 발표하였다.

고대사 연구에 매진하다

스떵안(石燈庵)은 현재 베이징 서성구(西城區) 스떵후통(石燈胡同), 자금성의 서남부에 있었던 것으로 추정되는 곳이다. 신채호가 출가했다고 알려진 관인쓰(觀音寺)와는 멀지 않은 곳에 위치해 있다.

신채호가 머물렀던 장소 중에서 스떵안은 구체적인 지명이 남아 있는 곳이라고 할 수 있다. 신채호는 스떵안에 1918년과 1923년에 머물렀다는 기록이 있다. 이 글에서 '관인쓰(觀音寺)'를 살펴볼 때 자세히 언급하겠지만, 신채호는 1924년 3월에 관인쓰로 출가하여 승려생활을 한 적이 있다. 그가 스떵안에 머물 당시에는 아직 출가하지 않은 상태였다. 당시 베이징 시내의 대부분 암자에서는 여관업을 겸하고 있었다고 한다. 신채호가 머물렀던 스떵안의 주지 또한 불교와 관련된 사업은 하지 않고 암자의 빈방을 세놓아 수입을 얻었다고 하니, 신채호가 스떵안에 머문 것은 그저 여느 여관에 머문 것과 다름이 없다고 보아야 할 것이다.

1918년에 스떵안에 머물 때 신채호는 고대사 연구에 전념을 기울였다. 또한 베이징에서 권위가 있었던 신문인 『중화신보』와 『베이징일보』에 논설을 기고하기도 하였다.(연구자에 따라 신문의 명칭은 다름) 중국에 망명하여 베이징에서 생활하던 여느 독립운동가들과 마찬가지로 신채호 역시 어려운 형편에 있었다. 그가 중국 신문에 논설을 기고한 것은 바로 원고료를 받아 생활에 도움

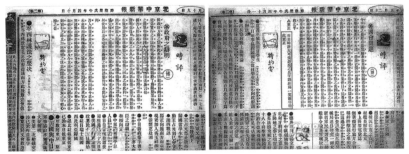

북경중화신보 1918년 5월 19일자와 5월 20일자 (필명 博의 5월 19일자와 5월 20일자 시평(時評),
5월 20일 시평 〈국회문제〉 끝부분에 5월 19일자 시평 〈정부의 변명〉과 관련한 정정문이 실려 있다.
사진제공 홍성림

이 될 수 있도록 한 것이었다. 기록에 따르면 신채호가 논설을 기고한 후에
신문 판매 부수가 늘 정도로 인기가 많았다고 한다.

이때 『중화신보』에 실린 논설과 관련된 일화가 전해진다. 바로 신채호가
기고한 글 중에서 '의(矣)'라는 한 글자를 빼고 신문에 실린 것을 들어 집필
을 하지 않기로 했다는 것이다. '의(矣)'는 한문 문장을 마칠 때 사용하는 것
으로 전체적인 내용을 바꿀 정도로 중요한 것은 아니었다. 이러한 내용은 신
석우(1894~1953)가 1936년 4월 『신동아』에 쓴 〈단재와 '의'자〉(<丹齋와 『矣』字>)
라는 글에 나온다. 관련된 내용을 간략하게나마 살펴보면 다음과 같다.

그러므로 나는 인간 단재(丹齋)의 일단(一端)이나마 엿볼 수 있는 조그만 일화(逸話)
로써 이 책임(責任)을 벗으려 한다.

그것은 단재(丹齋)가 베이징(北京)에 있을 때다. 당시의 중국은 대통령에 풍국장(馮國
璋), 국무총리(國務總理)에 단기서(段祺瑞)가 있어 치정(治政)할 때다. 중국에서 가장 권위
(權威) 있는 『중화보(中華報)』의 사설(社說)을 쓰고 생계(生計)를 해 나가던 때건만 오자
(誤字) 1자를 내었다 하여 그날로 단연 집필(執筆)을 거절하였다.

그 오자(誤字)란 것도 문의(文意)를 상하는 오자가 아니라 「의(矣)」자였건만 조선 사람에 대한 우월감에서 나온 행동이라 하여 수차 마차를 타고 사죄(謝罪)온 『중화보(中華報)』 사장을 질책(叱責)하고도 영영(永永) 집필(執筆)치 않았다.

이로 인(因)하여 『중화보(中華報)』의 판매(販賣) 부수(部數)가 급속도칙으로 내려갔다는 것만으로도 단재(丹齋)의 사설(社說)이 얼마나 당시 중국민(中國民)을 열광(熱狂)시키었다는 것도 추측할 수 있다.

그러고도 돈을 위해서 집필을 응락(應諾)한 것이 조선(朝鮮)사람들의 지조(志操)를 깨트린 것처럼 가끔 뉘우친 단재(丹齋)였다. 단재(丹齋)에게 관한 것은 이 한 마디로 마친다. 그것은 이 짤막한 일화(逸話)가 그를 컨척으로 표현하기 때문이다.93

스떵안 12호

스떵안 출입구로 알려진 곳
(스떵안 12호 옆에 위치해 있다)

93.『단재 신채호 전집』 신석우, 「丹齋와 『矣』字」

신석우의 기록에 나와 있는 것과 같이, 신채호가 신문에 기고를 거절하자 신문사의 사장이 여러 번 찾아와서 사죄하였으나 신채호는 오히려 사장을 질책하고 돌려보냈다. 그리고 이로 인해서 『중화보』의 판매 부수가 급격하게 줄어들었으며, 중국신문에 기고하는 일에 대해 신채호는 '돈을 위해서 집필을 응락한 것이 조선사람들의 지조를 깨뜨린 것'과 같아서 가끔 뉘우쳤다고 한다. 하지만 신채호가 기고한 것으로 보이는 『북경중화신보』 1918년 5월 19일자와 5월 20일자를 살펴보면, 필명 '박(博)'의 시평(時評)이 실려 있고, 5월 20일자 시평 〈국회문제(國會問題)〉의 끝부분에 5월 19일 시평 〈정부적변명(政府的辨明)〉과 관련하여 '의(矣)'자를 '일소(一笑)'라는 두 글자로 잘못 배열한 것을 정정한다는 내용이 나온다. 신채호가 오자에 대해 강력하게 항의하자 신문사에서는 정정보도를 냈고, 이에 신채호는 기고를 계속해서 이어갔음을 알 수 있다. 결과적으로 위에서 살펴본 신석우의 글은 신채호의 성격을 전적으로 나타내기 위한 것으로 다소 과장이 있다고 이해하면 좋을 것이다.

신채호는 1923년 9월에 상하이에서 베이징으로 돌아온 후에 다시 한 번 스땅안에서 생활했다. 그는 이곳에 머물면서 「조선고래(古來)의 문자와 시가의 변천」과 같은 글을 썼다. 현재 스땅안 자리에는 아파트가 들어서 있고, 아파트 뒤편에 위치한 스땅안후통 12호에는 스땅안 건축물의 일부가 남아있으나 거주민이 있어 외부인 출입은 불가능한 상태다. 1978년 현재 스땅안 자리에 들어선 아파트 기초공사 인부로 이주해와 지금까지 스땅후통에 살고 있다는 지역주민에 따르면 이주 당시 스땅안 건물은 모두 철거한 뒤였고, 스땅안 건축에 쓰인 자재들이 남아 있어 동네사람들이 일부 석판이나 석구조물을 몰

스떵안 출입구 안쪽(스떵안 건물의 일부가 남아 있다)

스떵안 12호 뒤편 아파트
(주민들은 이곳 앞 도로까지 스떵안이라고 하였다)

스떵안 13호

래 집으로 가져다 사용했다고 한다. 이야기를 전한 지역주민의 집 마당에도

그때 옮겨 왔다는 한백옥(漢白玉) 돌받침이 있어 물건을 올려놓거나 빨래를 할

때 사용한다고 했다. 스떵후통을 걷다보면 골목 모퉁이 여기저기에서 한백옥

석감당(石敢當)[94]을 볼 수 있는데 모두 스땅안에서 나온 것이라고 한다. 지금 스 땅안의 출입문이라고 알려져 있는 곳은 잘못 지목된 것이라는 의견이 있다.

승려생활을 하다

관인쓰(觀音寺)는 현재 베이징 서성구(西城區) 동인각로(佟麟閣路), 자금성 서남 부에 위치해 있다. 신채호의 출가기간에 대해서는 대략 6개월, 1년, 1년 반 등 의 설이 있지만 1924년 3월에 출가하여 이듬해 4월까지 승려생활을 한 것으 로 보인다. 신채호가 출가한 것에 대해 언급한 것으로 볼 수 있는 류자명의 기록이 있다.

경제적인 곤란으로 말미암아 그는 언제나 생활문제가 고민거리였다. 심지어 이런 상 황도 겪어야 하였다. 내가 베이징을 떠난 후 갑자기 "단재가 출가하였다"는 소식을 들 을 수 있었다. 당시 나는 베이징으로 가서 그를 찾아보았다. 그러자 그는 '출가하고', '돌 아온' 원인을 나에게 말해 주었다. "나는 불교를 믿지 않지만, 다만 청청한 우주 속으로 들어가서 일심으로 역사를 쓰고 싶었지. 그리고 우주에 다다르자 비로소 소위 '세상을 벗어난 청청한' 우주를 알았지. 오직 축소된 현실세계만이 복잡하기 그지없음을 알았 네. 그러니 전심으로 나의 뜻대로 저술한다는 것은 불가능한 것임을 알게 되어, 나는 곧 돌아오고 말았네."

그 당시 나와 단재 선생 사이에 왕래했던 시간은 비교적 길었다. 동시에 타이완 친

---

94. 중국에 기원을 둔 재앙 방지 돌. 중국에서는 770년에 복건성(福建省) 포전의 지사가 현 내의 안녕과 번영을 기원해서 세운 것이 최초라고 하는데, 기원연대는 명확하지 않다. 현재에는 많은 정자로(丁 字路)에 세워져 있다. (종교학사전 편찬위원회 편저, 『종교학대사전』, 한국사전연구사, 1998. 참조)

구인 범본량(范本梁)·임병문(林炳文) 등과도 교왕하였다. 타이완 친구의 소개로, 나는 '천주회관(泉州會館)'에 기숙하였다. 어느 날 외출하였다가 돌아오니, 책상 위에 단재 선생이 남겨놓은 메모지가 있었다. 거기에는 "나는 다시 칠로 돌아가기로 결정했네"라고 쓰여 있었다. 이는 나를 안심하게 하였다. 나는 곧 그에게 물었다. "어떤 곤란이 있으신지는 몰라도, 다시 출가해서는 안 됩니다." 그러자 선생은 "나는 이미 다시 가지 않기로 결심하였다네"라고 하는 것이었다. 동시에 그는 "나는 계속해서 아직 완성하지 못한 역사를 쓰고자 하네"라고 하였다.

이때부터 선생은 역사 논문을 한청에 있는 친구에게 보내 『조선일보』와 『동아일보』에 발표하였다. 이것이 바로, 단재(신채호) 선생이 "빈곤과 병마가 잠시도 떠나지 않았다"는 매우 곤란한 생활 속에서도, 역사를 쓰는 붓을 무기로 하여 시종일관 나태함 없이 전투를 전개했던 역사학자로서의 품격이었다.[95]

연보에 따르면, 신채호는 스뎡안에서 집필하고 있던 『조선사』와 『전후삼한고(前後三韓考)』를 계속해서 이어나갔다. 1924년 10월 홍명희의 주선으로 『동아일보』에 '신채호(申采浩)'라는 필명으로 「문제(問題) 업는 논문(論文)」과 「고사상(古史上) 이두문(吏讀文) 명사해석법(名詞解釋法)」을 발표하였다. 또한 1925년 1월에는 『동아일보』에 '신채호(申采浩)'라는 필명으로 「낭객(浪客)의 신년만필(新年漫筆)」, 「삼국사기중(三國史記中) 동서양자상환고증(東西兩字相換考證)」, 「삼국지(三國志) 동이열전교정(東夷列傳校正)」, 「평양패수고(平壤浿水考)」를 발표하였다. 이로 미루어 보면 관인쓰에서도 고대사에 관한 집필을 왕성하게 했음

95.『단재 신채호 전집』, 류자명, 「조선의 애국 역사학자 신채호」

관인쓰 입구

을 알 수 있다.

현재 관인쓰는 당시 사찰의 모습을 찾을 수 없다. 신화통신사는 관인쓰가 있던 곳으로 알려져 있다. 그러나 신화통신사 뒤편으로 가면 동인각로(佟麟閣路) 쪽에 관인쓰로 알려진 곳이 있다. 건물의 절반이 남아 있는 이곳을 주민들은 관인쓰로 지목하였다.[96]

신채호가 고대사 연구를 하여 발표한 것과 관련하여 다음과 같은 기록이 있어 흥미롭다. 그가 중국에서 연구한 내용을 고국에 발표하는 이유 중 하나는 아들의 양육비를 위한 것이었다. 겉으로는 고국에 보낸 아들에 대해 무심한 듯하지만 깊은 정(情)을 느낄 수 있다. 또한 자신의 원고를 출판함에 있어 스스로에게 엄격했음을 보여 준다.

---

96. 창원대학교의 도진순 교수도 이곳을 관인쓰라고 보고 있다.

신화통신사(관인쓰 자리로 알려져 있다)

관인쓰 옆면

이 『조선사연구초(朝鮮史硏究草)』는 나의 친구 신단재(申丹齋)의 연구적 사론(史論) 약

간 편을 수집(蒐集)한 것이니, 모두 한 번 신문지로 세상에 발표된 것이다. 이역에 표박

(飄泊)하는 단재(丹齋)가 이것을 고국 신문에 발표함에는 간혹 친구들의 서자(書字)로

관인쓰 뒷면(관인쓰가 가로로 잘린 것처럼 보인다)　　　관인쓰 전경(주택들 사이에 관인쓰가 있다)

권한 힘도 없지 아니 하나, 대개는 약간의 원고료를 얻어서 그의 사세(四世)의 일컬 혈육이라는 어린 아들 신수범(申秀凡)의 양육비를 보태어 주려 한 것이다.

　내가 이것을 수집하여 간행하겠다고 기별하고 출판할 준비를 차렸더니, 『평양 패수고(平壤浿水考)』에 불만한 첨이 많으니 다시 수청하겠다는 단재(丹齋)의 편지가 왔었다. 그 편지 온 것이 맡기 어려운 출판허가를 맡은 뒤라, 원고를 멀리 보내어 수청하려다가, 또다시 허가를 맡아서 간행하려 하면 시일이 많이 허비될 뿐 아니라, 또한 다른 층절(層節)이 없지 아니할 것이므로 판을 거듭할 때나 기다리라고 밀막아 회답하였더니, 그 뒤에 온 편지에는 일보 더 나아가 출판을 중지할 수 있으면 좋겠다는 말까지 있었다. 지금 커자 단재(丹齋)의 의사를 밝혀 보이기 위하여 뒤 편지 일컬을 옮겨 척는다.

　'소위 사초(史草)는 기송(寄送)하던 당시에 수범(秀凡)의 일을 위하여 자심(自心)에도 불만한 것이 많음을 불고하고 해 보내기를 개시하였던 것이오, 그 뒤에는 작년 추(秋)에 형의 편지 오기 컨에 차커(此處)에서 무연(貿然)히 어느 친구의 약속을 받아 일편(一篇) x史(사)를 만들기로 허락하였다가, 불의에 형의 편지가 와서 좌우관계를 다 모른다 하지 못하여 양편을 답응(答應)하여 이것 커것이 다 불성실하게 된 것입니다. 그 간행문케를 중지시킬 수 있으면 중지하는 것이 좋겠습니다마는, 여기서 지금 초(草)하는 것도 이케 와서는 매우 맹랑한 일이라 생각됩니다. 자료도 부족하고 평일의 연구도 너무 조솔(粗率)하던 것이 자꾸 자각(自覺)됩니다. 더욱 컨일(前日)에 부분척 논문이나마 경솔히 쓴 것이 후회됩니다. 이 일에 대하여 아뢰고 싶은 말씀이 많으나 아직 그칩니다'[97]

신채호가 관인쓰에서 생활하던 1924년 5월, 단오에 〈무제(無題)〉라는 한시를 썼다. 그가 쓴 시는 다음과 같다.

갑자년(1924) 5월 단오날이다. 새벽에 일어나 우연히도 갑진년(1904) 단오날 환런현(桓仁縣)에서 이탁(李倬)·윤쎄용(尹世茸) 등 졔공과 더불어 시 한 수씩 지은 것이 생각났다. 그것이 벌써 십 년 컨 옛 일! 유유한 회구의 서글픈 청서를 금치 못하여 다시 그 운을 달아 이 시를 쓴다.

괴로운 꿈 몽롱하여
눈 뜨기도 싫건마는
새벽에 억지로 일어나
불상 앞에 나왔노라

오자서(吳子胥)의 신세로서
정처 없이 떠도나니
도연명(陶淵明)의 풍류로도
술잔 들기 폐하였네

97.『단재 신채호 전집』, 홍명희,「조선사연구초 서」

옥돌 안고 사흘 울되

알아 볼 이 바이 없고

강물 흘러 한 번 가면

어느 때나 돌아오리

고향의 향쑥으론

고운 떡 빚는다네

그 옛날엔 색옷 입고

슬하에서 즐겼으리라[98]

신채호는 관인쓰에서 승려 생활을 하면서도 독립운동을 멈춘 것은 아니었다. 그는 관인쓰에 머물면서도 이회영, 김창숙, 유자명 등과 접촉을 하면서 독립운동에 대해 논의를 하였다. 그리고 다물단(多勿團)[99]의 활동에도 관여하였는데, 1925년 다물단은 일본 밀정인 김달하(金達河, ? ~ 1925) 처단에 직접적으로 참여하였다. 이 시기 신채호의 독립운동에 대해서는 다음에서 보다 자세하게 살필 것이다.

1925년 4월에 승려 생활을 청산하고 환속한 신채호는 김세랑(金世良)의 집에서 김창숙·김이연(金怡然) 등과 동거하며, 이회영·유자명 등과 자주 회동하였다. 또한 이호영(李護榮)의 하숙집에서 기거하기도 하였다고 한

---

98. 無題
甲子五月端午 晨起拜佛 偶憶甲辰歲是月是日 桓仁縣與李悼尹世茸諸公 次宋人韻共賦一詩 今回首已候候十年矣 悵然復次記韻
睡睫朦朧不背開 清晨强起拜如來子胥身世餘行乞 天亮風流廢擧盃 白壁三朝終不遇 黃河一去幾時回 故園香草堪爲餠 回憶斑衣膝下部

99. 다물단은 1925년 4월 베이징 마사묘에 세워진 항일 비밀 운동 조직.

다.[100] 같은 해 여름에는 타이완인 임병문(林炳文)의 소개로 무정부주의(無政府主義) 동방연맹(東方聯盟)[101]에 가입하게 된다.

아나키스트와 교유하다

화평후통(華豊胡同)은 베이징 동성구(東城區)에 위치해 있다. 골목의 동북쪽에 원나라 때 세워진 법통사(法通寺)라는 절이 있어 청 건륭시기에 법통사호동이라는 정식명칭을 얻었다. 따라서 신채호가 살았던 당시에 화평후통은 법통사호동이라고 불렀다. 화평후통이라는 이름은 1965년 베이징시의 지명 정돈에 의해 새롭게 탄생한 이름이다. 문화대혁명 시기에 잠시 '짠쥔지에터우탸오(贊軍街頭條)'로 개칭했으나, 문화대혁명이 끝나고 원래 이름을 회복했다. 신채호는 1924년 3월에 관인쓰로 출가하였다가 환속한 후에 화평후통에서 생활하였다. 관인쓰에서 환속한 후 신채호의 행적은 분명하지 않다. 다만 1928년 4월까지 베이징의 신채호 주소지는 법통사 20호였다.[102]

연보에 따르면 이 시기에 신채호는 다물단(多勿團)과 관련을 맺었다. 다물단의 선언문을 기초해 주었고, 다물단이 일본 밀정 김달하(金達河)를 처단하는 의거에도 참여했다.

또한 이 시기에 신채호는 아나키스트들과 교유하였다. 신채호의 아나키즘

---

100. 신채호가 관인쓰에서 환속하는 시기에 대해서는 연구자마다 다르다. 연보에서는 1925년 4월경으로 보고 있고, 최옥산 논문(p.49)에서는 1924년 가을경으로 잡고 있다.

101. 1928년 톈진과 난징에서 조직된 무정부주의 단체.「조선혁명선언」을 기초한 신채호가 1928년 4월 톈진에서 이필현과 임병문 등과 협력하여 조직하였다.

102. 「단재기행」에서는 신채호가 베이징의 마지막 3년 정도의 시간을 주로 법통사(화통쓰) 20호에 기거했 고, 이지영과 함께 생활한 것으로 보고 있다. 또한 이 시기에 신채호는 개인적인 연구나 집필보다는 조직운동에 충실한 본격적인 아나키스트 혁명가로서의 변모된 모습을 보이고 있다고 하였다. 이로 미루어 법통사는 신채호가 개인적으로 살았던 곳이 아닌 아나키즘 활동가들이 모이는 아지트라는 추측을 하고 있다.(131쪽) 이에 대해서는 관련 자료를 찾아서 살필 필요가 있다.

에 대해서는 연구자마다 의견이 다르지만, 1922년부터 류자명의 소개로 중국인 아나키스트들을 만나서 교유하였다. 그가 만난 아나키스트들 중에는 이지영(李志永, 또는 이필현), 임병문(林炳文)과 같은 사람들도 있었는데, 그들은 1928년 위체사건과 관련이 깊다.

청나라 외무부 영빈관

신채호는 1925년 1월에 동아일보에 「낭객(浪客)의 신년만필(新年漫筆)」「삼국사기중(三國史記中) 동서양자상환고증(東西兩字相換考證)」「삼국지(三國志) 동이열전교정(東夷列傳校正)」「평양패수고(平壤浿水考)」를 발표하였다. 이 중에서 「낭객의 신년만필」은 「조선혁명선언」과 함께 신채호의 아나키스트로서의 면모를 보여주는 글이다.

김원봉이 이끄는 의열단은 베이징에도 본부가 있었다. 이곳의 위치는 정확하게 알기 어렵다. 의열단의 활동이 어떠했는지를 생각해보면 당연하기도 하다. 최근 연구에 따르면 베이징 동성구 동단 외교부가(北京市 東城區 東單 外交部 街)에 의열단 본부가 있었다는 사실이 밝혀졌다. 외교부가는 현재 베이징 협화의원 정문 맞은편에 위치하고 있다. 이곳 어딘가에서 의열단이 의거를 준비했을 것이다. 이 중에서 외교부가 59호인 협화병원 주택군은 예전 협화병원의 관사였는데, 협화병원에서 외교부가 방향 초입에 위치하고 있다. 관리원

협화병원 주택군(외교부가 59호)　　　　협화병원 주택군(외교부가 59호) 입구

협화병원 주택군(외교부가 59호) 내부

이 있어 외부인의 출입을 통제하고 있어 내부를 보기 힘들다. 이곳은 2003
년부터 베이징시의 문물보호구역으로 지정되어 예전 모습을 유지하고 있는
편이다. 외교부가에 위치해 있고, 주변과는 다른 고풍스러운 모습 때문인지
이곳을 의열단 본부로 착각할 수도 있다. 더욱 정확한 고증이 필요하다. 다
만 협화병원 주택군에서는 의열단 단원과 신채호의 모습을 상상할 수 있어
찾아볼만하다.

　난뤄구샹은 베이징의 다른 후통 밀집지역과는 다르게 상당히 번화하고,

중국인뿐만 아니라 외국인들도 많
이 찾는 주요한 관광지로 변모했다.
이 거리에 베이징 중앙희극학원이
있는데, 공리(巩俐)·짱쯔이(章子怡) 같
은 중국의 유명 여배우들을 배출한
곳이다. 이곳에서 멀지 않은 곳에
마오얼후퉁(帽儿胡同)이 있다. 명대에
는 원치앙궁(文昌宮) 후퉁이라 불렸
으나 청대에 이곳에 모자를 만드는
공장이 있어 마오얼후퉁이라 불리
게 되었다. 유명한 난뤄구샹 거리와

허우구러우위엔후퉁
(이회영집이 있었으며, 신채호는 자주 출입하였다)

연결되며, 골목 내에는 여러 채의 사합원 건물이 잘 보존되어 있다. 특히 청
나라 마지막 황제 푸이의 황후 완룽(婉容)의 사가와 중화민국 초기 군벌인
펑궈장(馮國章)의 고택이 있다.

난뤄구샹의 마오얼후퉁 29호는 이회영이 톈진으로 이주하기 전 베이징에
서 마지막으로 거주했던 집이다. 이회영 일가는 1910년 처음 서간도로 망명
할 때만 해도 현재 가치로 약 600억 원이 넘는 재산을 가진 대부호 가문이
었지만, 1919년 재망명 후 베이징에 거주하는 동안 생활고로 인해 여러 차례
이사를 다녀야만 했다. 이회영은 서간도에서 잠시 활동하다 1913년 귀국한
후 몇 년간 국내에서 활동한다. 3.1만세운동 직전에 다시 상하이로 들어가
대한민국임시정부 수립에 잠시 관여하다가 베이징으로 이동하여, 그곳에 거

채원배 고택

점을 마련하고 활동하였다.

이회영이 베이징으로 이동해 처음 거주하였던 곳은 지금은 허우구러우위엔후통(後鼓樓苑胡同)으로 명명된 복고루원호동(復鼓樓苑胡同)이었다. 베이징으로 온 독립운동 지사들이 대부분 이회영을 찾았고, 그의 집이 중요한 거점역할을 했다. 3·1운동 이후 많은 독립운동 지사들이 베이징으로 몰려들자 이회영은 더 큰 집이 필요했고, 1921년경 서직문(西直門) 근처 이안정(二眼井)으로 이사하였다. 이 집에는 김규식(金奎植)·신채호·박용만(朴容萬)·김창숙(金昌淑)·김원봉(金元鳳) 등이 찾아와 머물면서 독립운동 문제를 논의하였다. 이후 이회영의 형편이 점점 어려워지면서, 1924년경에는 베이신챠오(北新橋) 관인쓰후통(觀音寺胡同)으로 옮겼다.[103]

마오얼후통 29호를 비롯한 이회영 일가의 집은 베이징의 독립운동가들이

103. http://www.onbao.com/dbria/sub.html?cd_com=1018746

채원배 흉상　　　　　　　　　　북경대학교 상징

드나들고 머물렀던 일종의 독립기지 역할을 했다. 아나키즘적 성향을 가진 인물들뿐만 아니라 베이징에 거주하거나 경유하는 독립운동가들은 이회영의 집에 들렀다.[104]

　1924년 4월에 이회영, 이을규, 이정규, 정현섭, 백정기, 류자명 등이 재중국조선무정부주의자연맹(在中國朝鮮無政府主義者聯盟)을 조직하였다. 신채호는 이때 관인쓰에 머물고 있었기 때문에 창단식에는 참가하지 않았지만 이들과 뜻을 함께하고 있었다.

　신채호는 무정부주의 동방연맹(無政府主義 東方聯盟)에 가입하여 활동하였다. 이 단체는 1928년 4월에 한국·일본·중국·인도·안남(지금의 베트남)·타이완 등지의 무정부주의자 100여 명이 중국에서 대회를 가지면서 세상에 나오게 되

104. 박걸순, 「1920년대 北京의 韓人 아나키즘운동과 義烈鬪爭」, 『동양학』 제54집, 단국대학교 동양학연구원, 2013, p.109

었다. 신채호는 임병문과의 인연으로 이 단체와 관련을 맺게 되었다. 임병문은 타이완인으로 1923년에 베이징에 정착하였다.[105] 그가 베이징에 있는 동안 주로 젊은 유학생들로 조직된 아나키스트 단체에 참여하였다. 신채호는 류자명의 소개로 임병문을 알게 되었다. 임병문은 당시 베이징 우정국(郵政局)에 근무하고 있었고, 신채호는 그와 함께 위체(爲替)를 위조하여 현금으로 인출하는 과정에서 체포되어 다롄에서 재판을 받았다.

신채호는 베이징에서 지내는 동안 당대 최고의 집단지성으로 일컫는 베이징대학 교수들과 교유하였다. 채원배(蔡元培, 1868~1940[106]), 이석증(李石曾, 1881~1973), 오치휘(吳稚暉, 1865~1953), 노신(魯迅, 1881~1936) 등 베이징에서 활동하고 있던중국의 석학들과 직·간접적으로 연계를 맺고 교유하였던 것이다.[107]

이석증은 본명이 이욱영(李煜瀛)으로 중국 하북(河北) 고양(高陽)사람이다. 그의 집안은 청나라때 명문가로 실권을 유지하고 있었다. 그는 남보다 먼저 서양과 접촉할 기회가 있었는데, 이는 그가 아나키즘을 수용하는 계기가 되었다고 볼 수 있다. 그는 파리에서 유학하던 시절 아나키즘을 접했고, 1917년에 채원배의 요청으로 중국으로 돌아와서 베이징대학 생물학교수가 되었다. 그는 베이징대학에서 교수생활을 하는 동안 중국의 젊은 인재들을 양성하는 한편 아나키즘을 소개하는데 힘썼다. 신채호가 이석증과의 교유를 시작한 것은 1921년경부터인데, 두 사람은 류자명의 주선으로 만나게 되었

105. 임병문에 대해서는 최옥산, 「문학자 단재 신채호론」, 인하대학교 박사학위논문, 2003, pp.62~63 의 내용과 전집의 신채호 공판기록을 참고하여 정리하였다.
106. 중국 근대 교육가, 정치가, 『중국 윤리학사 (中国伦理学史)』저술.
107. 신채호가 교유했던 중국인들에 대해서는 최옥산의 논문을 참고하여 정리하였다.

다.[108] 신채호는 당시 고궁박물관 관장으로 있던 이석증의 배려로 자금성 문연각에 소장되어 있던 사고전서(四庫全書)[109]를 수개월 동안 열람할 수 있었다. 또한 신채호가 관인쓰에서 승려생활을 할 수 있도록 주지를 소개해 주기도 했다. 이석증은 1946년 중국에서 신채호 학사가 설립되는 것에 기여하였다[110]. 이석증은 1945년 11월부터 미국에서 돌아와 상하이에 잠시 머물렀다.

오치휘는 강소(江蘇) 무진(武進) 사람으로 신채호와 교유했다는 직접적인 기록이나 증언이 아직 발견되지 않았다. 하지만 오치휘와 이석증의 관계가 매우 각별했고, 두 사람 모두 아나키스트로, 베이징대학 교수로 행보를 같이 했다는 점으로 미루어 볼 때 신채호와의 교유가 있었을 것으로 보인다.

이대조(李大釗, 1889~1927)는 하북성 탕산(唐山) 사람으로 1917년부터 베이징대학에서 역사학, 경제학, 철학 교수 겸 도서관 주임으로 근무하면서 러시아 10월 혁명을 연구하였다. 볼셰비키와 소비에트 연방의 혁명을 지지한 최초의 중국 공산주의 지식인이기도 하다. 신채호가 이대조에게 베이징대학 도서관의 자료열람을 부탁하는 편지를 보냈다고 알려져 있다.[111] 당시 신채호는 역사연구와 집필을 하는 과정에서 자료가 부족했고, 베이징대학 도서관의 자료가 필요했다. 이대조는 1918년부터 1922년까지 베이징대학 도서관 주임을

---

108. 류자명과 이석증의 관계는 최옥산 위의 논문 p.54 참조. 류자명이 중국에서 원예학자로 자리를 잡을 수 있었던 것은 이석증의 추천이 있었기 때문이었다. 이석증은 프랑스에서 유학하면서 생물학을 공부했다.
109. 사고전서는 1781년 청나라 고종이 고금의 고전을 총망라하여 편찬한 고전전집이다. 청나라 이전의 중국 문헌들에 관한 정보를 알려주는 소중한 자료로서 인정받고 있다.
110. 김염홍, 『단재 신채호의 중국체험과 문학창작연구』, 민족출판사, 2019.
111. 신채호가 이대조에게 보낸 편지 중에는 다음과 같은 내용이 있다. "생각하건대 오직 남은바 역사연구 사업을 계속 진행하고 과거의 견문을 정리·편수하여 후건 학자들로 하여금 나라의 전통을 잊지 말게 하는 데 혹 만일의 도움이 될까 합니다. 그러나 서가가 비고 자료가 부족하며 또 객지에서 낭탁이 빈약할 뿐더러 설사 돈이 있어도 요구되는 문헌을 구하기가 어렵습니다." (전집, 〈이수상에게 도서 열람을 요청하는 편지〉)

베이다홍루(건물을 붉은색이라고 해서 홍루(紅樓)라는 이름이 붙었다)

겸하고 있었다. 그러나 일부 연구에 따르면 이 편지가 이대조에게 전해졌는지, 신채호가 이대조의 도움으로 베이징대학 도서관의 자료를 열람했는지에 대해 회의적인 의견도 있다.

신채호가 베이징에서 교유했던 인물들은 대부분 아나키즘이라는 공통분모를 가지고 있다.

류자명은 충북 충주 출신으로 본명은 류흥식(柳興湜)이다. 그는 3.1운동 후에 충주 간이농업학교 교사로 있으면서 항일단체를 조직하고 학생시위를 계획하다가 일본 경찰에 발각되어 상하이로 망명하였다. 상하이에서 의열단에 가입하여 항일운동을 전개하였다. 신채호는 상하이에서 「조선혁명선언」을 쓸 당시 류자명과 함께였다. 두 사람은 상하이의 한 여관에서 함께 기거하였으며, 이 기간에 「조선혁명선언」이 탄생한다. 의열단의 폭력적 독립운동 노선이 비판과 비난에 휩싸이자 의열단을 이끌던 김원봉이 신채호를 찾아가 성명문을 요청하였고, 완성된 선언문에 민족주의 색채와 함께 아나키즘적인 요소가 많이 드러나 있어, 의열단원으로서 아나키스트이자 탁월한 이론가였던 류자명이 동숙하며 신채호의 「조선혁명선언」 작성에 일정한 영향을 주었을 것이라는 의견이 있다. 한편 「조선혁명선언」은 신채호 자신의 민족해방운동론을 집약한 것이라는 견해도 있다.[112]

---

112. 이호룡, 『신채호 다시 읽기』, 돌베개, 2013, p.196

제 4장. 영원한 선비가 되다

뤼순, 중국 근대사의 교과서

뤼순은 중국에서 "반부의 근대사" 또는 "노천 박물관", "근대의 교과서"라고 불린다. 1840년부터 1949년 10월 1일까지를 중국 근대사(109년)라고 한다. 그중 절반(60년), 중국 근대사의 아픔을 뤼순은 가지고 있다. 가장 대표적인 것이 러시아 조차지(1898~1904)[113], 청일전쟁(1984~1895), 러일전쟁(1904~1905), 일본 식민지배(1905~1945), 소련의 실효적 지배(1945~1955)까지 60년의 중국 근대사의 가장 큰 상처가 남아 있다. 중국근대 역사를 간단하게 설명하면 바로 중국 국문의 개방, 중국주권 상실, 전쟁의 빈번, 중국 국민 고난이다.

뤼순에는 러시아 전쟁의 유적과 문화, 일본의 전쟁 유적이 그대로 남아 있다.

---

113. 뤼다(뤼순과 디롄을 지칭) 조차지 조약은 러시아가 "삼국간섭"의 공신으로 자처하여 청나라 정부를 강요해서 뤼다조지조약 및 뤼다조지연장조약을 체결했다. 조약에 따르면 뤼순구(旅順口), 디롄만(大連灣), 그리고 근처의 해역은 25년 동안 러시아에게 양허하였다. 러시아가 디롄을 조차한 조차지를 "관동주(關東州)"로 바꾸고 수석장관을 설치하여 행정관리를 실행하였다. 이후 디롄은 이때부터 식민통치를 당하기 시작했다.

청일 전쟁의 유적으로 대표적으로 만충묘 사건(1894년 4월 21~24일, 뤼순 시민 2만 명 대학살한 사건) 이 있고, 러일 전쟁 전쟁의 유적으로 수사영 회견소, 203고지, 동지관산 포대, 백옥산 탑 등이 있다. 뤼순의 각 산에는 포대가 즐비하다. 식민지 제국주의 유산이 그대로 남아 관동군 사령부, 관동도독부 민정서, 관동군 헌병 사령부, 뤼순박물관, 뤼순 의과대학, 뤼순 사범대학, 뤼순공과대학(현 뤼순 406 의원), 관동청 법원(안중근 의사가 재판 받은 곳), 뤼순일아감옥구지 박물관 등 80여개의 일본의 군과 민 통치 유적이 즐비하다. 1931년 9.18 만주 사변 전까지 만주 침략의 교두보 역할을 했던 "소일본"이 바로 뤼순인 것이다. [114]

뤼순이 2번의 재앙적 전쟁을 겪은 후에 일본 식민통치의 소용돌이에 휘말렸다. 뤼순에 세웠던 뤼순감옥은 어두운 전쟁의 특수한 기억 부호가 되었다.

백옥산정상에 있는 일본군인들

114. 본 내용은 2019년 8월 대전시청 주관으로 진행된 신채호 세미나 '뤼순과 신채호:과거와 현재' 의 내용임을 밝혀 둔다.

뤼순은 1996년 국부적으로 개방이 되었다가 2008년에서야 전면적으로 도시가 개방되었다. 그전에는 외국인은 출입이 엄격히 금지되었다.

뤼순은 대한민국의 영웅, 안중근 의사가 순국한 곳이다. 1909년 10월 26일 아침, 안중근 의사가 쏜 하얼빈 역두의 총성은 망국의 고통을 안고 있던 한국인의 가슴에 용기백배의 힘을 주었고, 온 세계는 이 영웅의 의거에 대하여 찬탄을 금치 못했다. 안중근 의사는 하얼빈에서 의로운 거사를 하고, 뤼순에서 법정투쟁을 하면서 두 편의 저술을 남겼다. 바로 『안응칠 역사』와 『동양평화론』[115]이다.

신채호, 영어(囹圄)의 몸이 되다

신채호의 해외 망명생활은 러시아, 중국(타이완 포함), 일본 등에 걸쳐 산재해 있다. 그러나 신채호의 대부분 중국 두 차례 상하이 2년 미만과 동창학교에서 교편을 잡았던 환런현 1년 미만을 빼고 나면 나머지 대부분을 베이징에서 보냈다.

위체 위조 사건으로 타이완에서 체포당한 이후 만 8년의 세월을 다롄과 뤼순에서 보냈지만, 모두 영어(囹圄)의 기간이었다.

1928년 5월 8일 타이완 지룽항에서 체포된 신채호는 곧바로 다롄으로 이송된다. 그는 다롄에 소재한 관동청 지방법원에서 재판을 받았다. 그후 관동청형무소 다롄지소(일명, 岭前大狱)는 신채호가 미결수 신분으로 2년 동안 옥고를 지

---

115. 『동양평화론』 서문 말미에서, "동양평화를 위한 義戰을 하얼빈에서 개전하고 談判하는 자리를 뤼순구에서 정했으며 이어 동양 평화 문제에 관한 의견을 제출하는 바이니 여러분은 눈으로 깊이 살필지어다" 라고 역설했다.

현재 관동청형무소다롄지소를
볼 수 있는 일본 삽화

현재 관동청형무소다롄지소를
볼 수 있는 일본 지도

疗病院，刑务所，萨摩温泉，苏俄公墓，青柳园

른 유적지이다.

공식명칭 관동청형무소 다롄지소
인 영전감옥은, 현재 다롄시민들은
영전대옥(岭前大狱)이라고 부른다. 혹
은, 파리자(笆篱子, 중국어 바리즈, bāl
í·zi→(bālí·zi))라고도 한다. 바리즈는 다
롄의 사투리이다. 다롄이 러시아 조
차를 받아, 러시아어가 남아 생긴 말
이다. 러시아어로, 'Полиция(팔리찌야)'
로 경찰[116]이라는 의미이다. 1916년에

미결수로 신채호가 수감되었던
관동청형무소다롄지소

관동도독부에서 감옥다롄분서를 설치하였다. 1919년에는 관동청감옥 다롄
분감, 1926년에는 관동청형무소 다롄지소, 1934년에는 관동형무지소로 명
칭이 변경되었다. 조선일보 1928년 11월 8일 〈다롄 감옥에서 신단재와 면회〉

---

116. 笆篱子是老话，即监狱的意思，据说源自俄语Полиция（意为警察局）。一百年前，老大连多不懂俄语，
所以被抓进警察局就叫"笆篱子"，话传久了，蹲局子、坐牢统称"蹲笆篱子"。大连笆篱子就是原岭前大
狱.

현재 관동청형무소다롄지소터(死 한자가 보인다)　현재 관동청형무소다롄지소터 내부(아파트 건립)

기사를 보면 신채호는 1928년 관동청형무소 다롄지소에 수감되었다. 면적은 9만 평방미터이고, 높이는 4미터의 높은 담, 감방은 76개로 동시에 800명을 수감할수 있는 규모였다. 주로 정치범, 중범죄의 미결수를 수감하였다. 1995년에는 다롄시 감옥으로 이름을 변경하여 사용되다가, 2004년 남관령 감옥(랴오닝성 감옥)으로 합병되었다.

영전대옥은 지금 흔적이 일부 남아 있다. 오래된 길을 따라 가다보면 벽면에 그 감옥의 흔적이 보인다. 맞은편 고가도로가 전면 시야를 가린다. 낡은 도로길 벽면에 '死' 한자가 가슴을 아프게 한다.

여기가 감옥이었음을 처연하게 표현해 주고 있다. 길 입구를 따라가다 보면, 오래된 아파트가 6채 정도가 있다. 그리고 공장과 일부는 상업지역으로 사용된다. 현 아파트 중심 주차장이 감옥의 중간에 해당된다. 대략 축구 경기장 절반 규모일 듯하다. 당시 맞은편, 다롄 제 2 중학교에서 감옥의 모습을 볼 수 있었다고 한다. 위치는 현재 다롄시 중산구 계영가(葵英街, 당시 初音町) 69, 71, 73번지 일대이다.

이곳의 분위기를 보여주는 1928년 11월 8일 〈다롄 감옥에서 신단재와 면회〉라는 제목의 조선일보 기사가 있다.

"그 이튿날 아침 일찍이 다롄에 도착하여 나는 여숙을 청하자마자 귀빠른 경찰은 벌써 나의 소를 발견하였다. 다롄경찰서 고등탐정 한분이 래방하기로, 나는 그것을 기회로 함께 동반하여 경찰서를 방문하였으니, 그 방문의 목적은 이곳 감옥에서 수감중인 단재 신채호씨 형을 면회하고자 함이다. 그러나 아침 먹고 만나고자 하던 목컨(目田) 주임이 없으므로 그날은 여의치 못하였고, 그 이튿날(24일) 동(同)씨를 다시 방문하게 되었다. 신채호 형은 벌써 형무소로 넘어가서 그 면회허부(許否)는 경찰의 권한 이외에 속하였을 뿐 아니라 미결중의 재감자에게는 모든 면회를 컬대로 불허함으로 성공여부에는 장담하기 어려우나 여하간 자기 명함 한 장을 가지고 영컨둔(嶺田屯)감옥으로 가서 보라고 한다. 거컬당할 줄 알면서도 나는 자동차로 시외 영컨둔으로 향하였다. 약이십분이나 질주하여 어느 산모퉁이로 들어간 즉, 산곡(山谷)이라고 할 만 한 붉은 벽돌로 지은 거대하고 보기 싫은 감옥이 앞에 닥치었다. (중략) 면회실 문을 열고 들어가자 단재 신채호 형은 내 앞에 서 있었다. 우리 사이에는 테이블 하나가 놓여 있고 그 옆에는 동반한 간수 하나와 (중략)

(문)우선 건강은 어떻소. (답)건강은 아무렇지도 않소. 다만 이 그거 낮지 못하여. (문)음식은. (답)음식도 그만하면.(중략)

신채호가 뤼순으로 이감되기 전 2년 정도 수감되었던 곳이다. 1928년 11월 8일 이관용(李灌鎔)은 다롄경찰서 마키다(牧田) 경무주임의 소개로 신채호를 면회했다. 신채호는 이관용에게 일문(日文)을 설명한 에스페란토 문전(文

典)을 부탁하면서 H.G 웰스의 『세계문화사』를 부탁하였다. 조국의 독립을 위한 언어적 제약이 없는 에스페란토를 습득하여 전세계의 무정부주의자와 연대하여 투쟁하려고 하였던 것이다.

또한, 차입 내용을 통하여 신채호의 독립의지와 연구 방향을 추측해 볼 수 있다. 미결수 신분이면서도 독립된 조국을 위하여 역사 서술을 위한 독립의 붓을 힘차게 써 내려가셨다.

관동청형무소 다롄지소에 수감되어 관동청 지방법원에서 10년형을 선고받은 다음 이감된 곳이 관동청 형무소이다. 만 8년의 투옥 생활 중 2년은 관동청형무소 다롄지소(1928년-1930년), 그리고 순국 때까지 나머지 6년을 관동청형무소 (1934년 후 관동형무소, 현재 뤼순일아 감옥구지 박물관)에서 보냈다.

신채호는 1936년 2월 21일 순국하여, 유해는 뤼순 화장터에서 화장하였다. 뤼순 화장터는 뤼순감옥구지박물관에서 1.8km 떨어진 곳에 현재 그대로 존재하고 있다. 그 중심에 뤼순이 있다. 신채호는 다롄에서 2년, 뤼순에서 6년 동안 감옥살이를 하며 지냈다.

신채호 영어의 기간인, 1928년부터 1936년 시기의 다롄 뤼순지역의 근대사를 보자. 1927년 7월 다롄 죠쉐이즈(周水子)공항이 건설되었다. 1928년에는 중국 공산당 관동주현위원회 성립되었다. 1931년 9월 관동군 사령부를 뤼순에서 봉천(현 선양)으로 옮겼다.

1931년 9월 다롄을 좡허(庄河)일본군이 점령하였다. 1934년 9월 다롄에서 장춘까지 철도 복선이 준공되었다. 1934년 10월 일본관동군 다롄에 특무기관을 설립하였다. 1934년 12월 26일 관동청을 없애고, 관동주청으로 개설하였다. 다롄과 뤼순의 근대사가 숨가쁘게 진행되는 동안이 신채호에게는 재판과 순국의 기간이었다.

뤼순 일아 감옥구지 박물관, 『조선사』, 『조선상고문화사』를 세상에 알리다.

뤼순감옥은 현재는 뤼순일아 감옥구지 박물관이라고 불린다. 이곳은 1902년에 러시아가 건립하였다. 1989년 뤼다(뤼순과 다롄)가 러시아에게 조차되었다. 당시는 중국근대사에서 가장 어두운 시기이다. 뤼순감옥의 건설은 중국근대 굴욕적인 역사의 한 디테일이다. 러시아와 일본이 산하이관외에서 유일한 부동항, 남만주철도의 최남단, 발해의 인후(목구멍), 베이징과 톈진의 관문에서 세력을 다투었다. 뤼순일아 감옥구지 박물관은 다롄 43년의 식민통치를 당한 기억의 상처이다.

1902년, 러시아가 원보방(元寶房)에 뤼순감옥을 처음으로 건설했다. 1903년 첫 번째 건축공사가 끝날 때 러시아 사람이 러시아 건축 스타일로 사무동이자 감옥의 정문, 그리고 85칸 감방과 4칸의 밀실을 건립했다. 사무동은 전형적인 러시아 고전 건축(절충주의)이다. 2층으로 이루어진 건물은 벽돌과 나무를 섞어서 건설했다. 길이는 34미터, 넓이는 15미터, 높이는 17미터이다. 벽돌로 중량을 부담하고 사방의 옥상을 나무대로 지탱했다. 밑에 가운데는 원형의 문이고 이것을 중심으로 좌우 대칭으로 4개 사각형 벽을

뤼순감옥

뤼순감옥내부

배열했다. 양쪽으로 더 가면 2개의 사각형 창문의 익루(翼樓) 건물의 벽이 있다. 양 층 중부와 양 측은 원형의 창문이고 중부는 창문의 위에 성보처럼 꾸미는 벽이 있다. 익루(翼樓)의 창문은 1층 익루(翼樓)와 일치하여 옥상의 사면은 지붕창이 있다.

1905년 일본이 다롄지역을 점령하고 식민통치를 실행하기 시작했다. 1907년 11월, 러시아가 건설한 뤼순감옥을 사용하고 확대 건설하기 시작했다. 1916년 보통 병실과 분리 병실을 새롭게 건설했다. 그 후 공장 2동을 건설하고 감방과 신체 검사실을 늘렸다. 1923년 취사장을 개건했다. 1924년 창고를 새롭게 건설했다. 1934년 구 사형장은 너무 낡아서 감옥의 동북쪽에서 새로운 사형장을 만들었다. 이로써 높이 4m, 길이 725m, 빨간색의 벽돌로 둘러싸인 벽 안에 면적이 26,000㎡의 감옥이 이루어졌다. 사무실의 기능으로는 전옥(감옥장) 밑에 7개부서가 있었다. 계호계(죄수호송, 형벌집행, 편지 검열), 회계계(예산관리, 문서수발, 통계업무), 용도계(양식관리, 물자공급, 화물운송), 작업계(노역, 기술감독, 대외가공), 교무계(종교활동, 노예화교육, 도서관리), 의무계(병실관리, 사형집행, 시체검사), 서무계(자료관리,문건수발) 등이다.[117]

---

117. 총 간수는 대략 120여명이고, 감옥장, 각계장, 부장, 간수, 의사, 약제사 및 고용 등, 일부 중국인의 소사, 통역, 마부로서 고용하였고, 간수는 대부분 일본인이며, 일부 조선인도 있었다. 수감인원 동시 2,000여명이고, 1940년 관동청 요람에 의하면 누적 450,000명으로 집계하고 있다. 주요 죄수는 중국인, 일본인, 조선인, 유태인, 이집트인, 소련인, 미국인도 있었다. 253칸 감방, 3개 신체검

민족 독립을 위한 신채호의
궁지와 신념은 투옥 생활을 통
해서도 조금도 변하지 않았다.
투옥의 과정에서 부인에 대한
염려와 가정에 대한 고민도 하
고 있다. "내 걱정은 마시고 수

관동청형무소 수감중
신채호

신채호 사진을 입수한
판마오중 전 주임

범 형제 데리고 잘 지내시며, 정 할 수 없거든 고아원으로 보내시오"라고 부

인 박자혜에게 비장한 편지를 보내기도 하였다.

그는 1930년 4월 28일 2년의 미결수 생활 끝에 다롄 지방법원 1심 언도

공판에서 10년의 실형을 선고받고 관동청 형무소 감방으로 이감되었다. 그

리고 1930년 5월 9일 최종심 언도 공판에서 역시 10년 복역이 확정되었다.

신채호가 수감될 당시에 뤼순감옥은 1926년 10월 관동청 형무소, 1934년

12월 관동형무소로 불리었다. 신채호는 관동청 형무소에서 죄수번호 411번,

사상범으로 독방에 수감되었다. 통상 관동청 형무소의 사상범은 독방에 수

감이 되는데 현재 뤼순감옥의 독방은 일반인들에게 공개되지 않고 있다. 뤼

순감옥의 독방은 동감방 2층과 3층의 목조 바닥에 존재하고 있다. 이 부분

사실, 18칸 병실 감방, 4칸 임방, 1칸 교수형장, 15개 공장의 대형 감옥이 준공되었다. 벽 이외의
묘지, 야채장, 벽돌장 등도 포함하면 뤼순감옥의 면적이 총 22,6000㎡였다. 1907년에는 관동도독
부 감옥서, 1920년 8월 관동청 감옥, 1926년 10월 관동청 형무소, 1934년 12월 관동형무소, 1939년
1월에는 뤼순형무소로 불리었다. 1945년 8월 22일 소련군에 해체되어 폐쇄되었다가, 1945년에서
1971년 3월까지 뤼순경찰국이 관리 하였다. 그 후 1971년 7월 6일에 제국주의 침화 죄증 진열관으
로 공식적으로 외부에게 박물관으로 개방되었다. 그 후 뤼순계급교육 전람관으로 명칭이 변경되
었다. 2003년에는 뤼순일아감옥구지 박물관으로 명칭이 변경되고 아울러 다롄시 근대사 연구소
기능도 하고 있다. 현재 뤼순일아감옥구지박물관의 방문자 수량은 이미 천 만 가까이가 되었다.
매년 60만 명이고 그 중 한국인이 5만 명 정도 방문하고 있다. 현재 뤼순일아감옥구지박물관은
중국의 전국중점문물보호단위, 전국애국주의교육시범기지, 국가급 국방교육시범기기가 되었다.

다롄시 당안관 전경(신채호 선생 및 안중근 의사 등 독립운동가의 사료가 보관되어 있다. 한중 관련 기관간 사료 발굴을 위하여 협조가 필수적이다.)

에 대한 고증도 정확히 밝혀야 할 부분이다.

　여기 관동청 형무소에 수감 당시 죄수 번호 411번(일반적으로 알려진 죄수번호)으로 적혀있는 신채호의 사진이 있다. 이 사진의 입수 경위를 소개한다. 뤼순 감옥에서 실제 38년을 근무하고 퇴직한 판마오중(藩茂忠) 전 주임(진열부)이 입수한 것이다. 판아오중의 회고에 의하면, 1980년대 후반 다롄시 당안관에서 감옥 관련 자료를 수집하던 중 신채호 선생의 사진(유리로 덮인 원판)을 발견하고는 사진을 입수하여 뤼순감옥에 보관하고 전시하였다고 한다. 후에 2000년대 초 독립 기념관 김삼웅 전 관장에게 신채호 사진 원판을 건네주었다고 한다. 판마오중(藩茂忠) 전 주임의 증언에 의하면, 현재 신채호의 사진은 독립 기념관 수장고에 있을 가능성이 매우 높다. 또한 사진 속에 보이는 411호는 죄수 번호라고 알려져 있다. 그러나 사진의 왼쪽 가슴에 보면 四一七(417)숫자는 어떤 의미일까? 사실 신채호 죄수번호는 四一七(417)임을 알 수 있다.

뤼순감옥 창고에는 쇠로 된 죄수번호가 즐비하다.

신채호의 이름 위에 있는 1-36의 의미는 무엇일까? 또한 이름 왼편에 있는 글자와 오른편에 있는 글은 무엇일까? 이것에 대한 문제를 풀기 위해서 신채호 사진의 원본을 보고 정확하게 글자를 해독한 후 뤼순감옥의 감옥 도면과 뤼순감옥 당시 사진 관리 편호 등을 가지고 확인을 하는 것이 좋을 듯하다. 이것은 신채호가 뤼순감옥에 수감된 당시의 정확한 상황을 알 수 있는 중요한 증거이기도 하다.

신채호는 노역[118]을 하면서 잠시 휴식의 시간에 책을 보았다고 한다. 이는 바로 집필로 이어졌다. 1930년 6월 15일에 1924년부터 『동아일보』에 연재되던 고대사 논문들이 『조선사 연구초』란 이름으로 서울 조선도서 주식회사에서 출간되었다. 1931년에는 6.10~10.14에는 『조선일보』에 『조선사』를 연재하였다. 『조선사』는 해방 후 단행본으로 출판하면서 『조선 상고사』로 게재되었다. 10월 15일부터는 『조선 상고 문화사』가 『조선일보』에 연재되어 1932년 5월 31일까지 모두 41회에 걸쳐 연재되었다. 투옥의 과정 중에서도 신채호는 민족사 정립을 위하여 헌신하였다. 외세의 침략과 도전을 물리치고 스스로를 지키며 발전해온 우리 민족의 역사서술이다. 후에 에스페란토를 자습하면서 자신의 학습에 의지와 울분을 불태웠다. 사후 유족에게 인계된 수첩 2권에 단시 등이 많이 적혀 있었다는 신수범의 증언으로 보아 옥중생활의 감회를 나타내는 생활을 자기 위안으로 삼은 것이다. 뤼순감옥에

---

118. 당시 수감자들이 뤼순감옥 공장에서 하루 종일 관동군의 물자를 생산했다. 뤼순감옥의 복역제도는 일본 식민통치자의 칼과 가죽 채찍 밑에 실행할 수 있었다. 일본식민당국은 감옥의 정원에 선후 15개 공장을 건설하고 수감자를 이용하여 군수품과 생활용품을 생산하여 엄청난 이익을 얻었다.

관동청 지방법원 현판

신채호가 수감되었던 때는 역사 편찬물이 세상에 알려지던 시기인 것이다. 붓으로 일제에 맞선 민족주의 사학자 신채호의 모습이 고스란히 세상에 전해졌다.

나라 찾기 위한 수단, 모두 정당하다

신채호의 관동청형무소 다롄지소 및 관동청 지방법원 관련 내용이다. 뤼순 일본 관동법원에서는 1906년 9월 1일 설립되어 1935년까지 총 21,395건을 심판하였으며, 그중 고등법원에서는 8,062건을 심판하였으며 지방법원은 1906년부터 1923년까지 13,314건을 심판하였다. 신채호는 1928년 5월 8일경 유맹원(劉孟源)이란 가명을 쓰고, 중국인으로 변장하여 1만 2천 원을 찾기 위해 일본 고오베(新戸)를 거쳐 모지(門司)에서 항춘환(恒春丸)이란 배를 탔다. 그러나 타이완 지룽항(基隆港)에 도착하였으나 상륙하기 직전 대기 중이던 일본 수상서원에게 체포되었다. 그 후 다롄으로 호송되었다. 다롄 상향대(尚陽坮) 11번지의 관동청형무소다롄지소에서 미결수 생활을 하였다.

신채호는 1928년 7월 19일 첫 공판이 열릴 예정이었으나, 연기를 거듭하여 미결수 생활이 길어졌다. 1928년 12월 13일 제1회 공판이 관동청지방법원 형사법정에서 열렸다. 일명 〈무정부주의 동방연맹 사건〉으로 불리고, 〈치안 유지법 위반, 유가증권 위조 동 행사 및 사기, 살인 및 시체 유기사건〉이란 죄목 하에 관련자로 재판을 받게 되었다. 첫 공판은 피고인들에 대한 간단한 사실 심리로 끝났다. 제2회 공판은 1929년 2월 7일 오전 10시 관동청지방법원에서 안주(安住)재판장의 주심으로 개정되었다.

재판장: 그대는 국제위체를 사기(詐欺)하려고 하였나?

신채호: 그렇소.

재판장: 그것은 무엇에 쓰려고 한 것인가?

신채호: 동방연맹에 자금으로 쓰되 우선 주의(主義) 선전 잡지를 발간하여 동지를 규합코자 한 것이오.

재판장: 사기를 나쁘다고 생각지 않나?

신채호: 우리 동포가 나라를 찾기 위하여 취하는 수단은 모두 정당한 것이니 사기가 아니며, 나라의 독립을 위해 사기 아니라 도둑질을 할지라도 양심에 부끄럼이나 거리낌이 없소.

제1회 공판에서 신채호는 국권회복을 위한 수단은 모두 정당하다고 당당히 말하였다. 제3회 재판은 1929년 4월 4일 오전 10시 50분에 관동청지방법원 제1호 법정에서 개정되었다. 여전히 독립지사답게 시종 담담하고 의연한 자세를 보여 주었다. 무정부주의자 동맹 연맹을 조직한 것은 '오직 현 제국주의 제도에 대한 불평과 약소민족의 미래를 위하여 단행한 것'이라고 하여, 식민지 침략에 광분하는 일제에 대한 독립 투쟁을 통해 미래에 조국 광복을 쟁취하기 위한 수단으로 무정부주의 결사에 가담했음을 천명하였다. 제4회 공판은 1929년 10월 3일 오후 1시 20분부터 당시 정식명칭 관동청지방법원 제1호 법정에서 개정되었다. 이 공술에서 신채호는 일관된 민족 독립운동을 위한 의지와 무정부주의 결사에 참여하게 된 경위와 시기를 이야기하였다. 관동청 지방법원은 현재 뤼순에 있는 뤼순관동법원구지 박물관(당시 관동청 고등법원)과는 다르다. 처음에는 관동청 고등법원은 고등법원과 지방법원이 같이 한 건물에 있었다. 관동청 고등법원은 1906년부터 1945년까지 그대로 존속하고 있었다. 그러나 관동청 지방법원은 1923년에 다롄으로 이전한다. 관동청 지방법원 현재 다롄시 중산광장 2호에 위치한다. 다롄민정서와 경찰서 구지(옛터)라는 표지판이 있다. 1908년에 건립되어 건축면적 3,350㎡, 2층에 벽돌과 목조로 된 고딕식 건축양식이다. 다롄 일본식민시기초 다롄민정서 (1908~1922년) 후에 다롄 경찰서와 관동청 지방법원으로 사용되었다[119]. 바로 이 시기 신채호가 여기서 재판을 받았다. 붉은색 벽돌에 비교적 화려한 건물은 중산광장에 다른 일본시기 건물들과 같이하고 있다. 다롄 해방

---

119. 木之內 誠외 3인, 다롄·뤼순 역사 가이드 맵, 大修館 서점, 2019

후 다롄광장 경찰국과 해군뤼순기지후근부병참소, 후에 랴오닝성 대외경제 무역합작청, 현재 시티은행 다롄지점 건물로 활용되고 있다. 비교적 온전한 모습이 보존되어 있다. 지금은 다롄 중점 보호 건축물이다.

왜놈들이 밟지 못하도록 화장하여 바다에 뿌려라

1935년 건강이 악화되자, 유서 삼아 벽초 홍명희에게 마지막으로 보낸 편지에서,

"산같이 쌓였던 말이 붓을 잡고 보니, 물같이 새어 버리는 것 같습니다. 무슨 말부터 써야 할런지요. (중략) 불원간 10년 역소로 발정(發程)할 것이니, 아! 이 세상에서 다시 면목(面目)으로 상봉하게 될는지가 의문입니다. 형에게 한마디 말을 올리려고 이 붓이 뜹니다. 그러나 억지로 참습니다. 참자니 가슴이 아픕니다마는 말하면 즉 뼈가 저립니다. 그래서 아픈 가슴을 부둥키

뤼순감옥 의무실 전경

어 쥐고 운명이 정한 길로 갑니다."

관동형무소에서 신채호의 비통한 심정을 너무나도 절실하게 표출하고 있다. 오랜 징역의 생활 속에서 번민 끝에 초췌해지고 건강이 악화되었다.

당시 같은 시기에 일본 전권 대상 암살사건으로 10년형을 선고받고 복역 중이던 독립운동가 손기업의 증언에 의하면, "1935년경 단재 선생을 뵐 수 있었지요. 저는 한 달에 네 번 있는 교회사의 설교 시간에 단재 선생을 뵐 수 있었지요. 선생의 얼굴은 항상 야위고 창백하여 병색이 완연했고, 고질적인 안질 탓으로 눈앞이 잘 안 보인다 하여 작업도 면제받고 독방에서 지내셨지요. (중략) 선생은 나에게 〈나는 이제 살아나긴 어려울 것 같소. 손 동지는 나이가 젊으니 밝은 세상에 나가면 부디 큰일을 계속하시오〉 하고 부탁하듯 말씀했는데, 그것이 마지막 말씀이 될 줄은 미처 생각지 못했습니다." 라고 하였다.

의무실 병실

1935년에 건강 악화로 관동형무소 측이 다른 사람의 보증 하에 출감을 허락하였으나, 보증인이 당시 친일파의 한사람으로 공인되어 있었으므로 친일파에게 자신의 몸을 맡길 수 없다는 신채호의 신념으로 단호히 거부하였다. 시시각각으로 건강이 악화되는 중에도 민족운동에 대한 신채호의 열정은 식을 줄 몰랐다. 1936년 신채호는 〈민족전선을 위하여〉라는 시를 통해, 모든 민족 해방운동세력을 결집한 민족전선을 결성하여 일제와 전면전을 전개해야 한다고 주장하였다. 이 시는 『남화통신』 1936년 11월호에 게재되었는데, 그 내용은 알 수 없다.

1936년 2월 18일 「신채호 뇌일혈, 의식불명, 생명위독」이라는 전보를 아침에 받고 아내 박자혜와 아들 신수범, 서세충이 뤼순으로 출발하였다. 20일 오후 3시 20분에 관동형무소에 가서 면회하고자 하였으나, 신채호가 의식을 잃은 상태라 이루어지지 못하였다.

현재 뤼순감옥의 의무실은 1916년에 건립되었고, 보통병실 12칸, 격리병실 6칸 및 진단실, 약제실, 화학실험실, 시체실 등이 있다. 461㎡ 면적을 차지하고 있고, 동시 수용가능한 환자는 40명이다. 신채호는 면회가 즉시 이루어지지 않아 하루는 뤼순감옥 의무실에서 그대로 방치되어 있을 듯하다. 뤼순감옥실록에 수록된 의무계 직원명부를 보면, 신채호 당시의 관동형무소 의사는 삼등군의(三等軍医)였던 스츠기(鈴木时二. 1827년부터 1934년까지 근무), 약 조제원은 히타카(日高正, 1930년부터 1945년까지 근무)였다. 특히 신채호가 순국할 때 담당의사는 한 명으로 히타카(日高正一) 대신 하시모투 후쿠이(桥本福一)가 1936년에 부임하여 1937년까지 근무하였다.

특히 1936년의 관동형무소에 근무했던 직원들은 153명인데 중요한 직원은 다음과 같다. 전옥(형무소장)은 미야자기(宮崎德安), 교회사 이노우에(井上泰完), 간수장 도요시(豊島信)외 3인, 고용원 요시카와(吉川順吉)외 3인 등이다. 후에 근무자의 회고록이나 후손을 찾아 신채호 선생의 기록이 남았는지 확인도 중요한 요소이다.

2월 21일 아침 9시에 두 번째 면회를 하였으나, 역시 의식불명이어서 면회는 이루어지지 못하였다. 서세충의 증언에 의하면, 마차 편으로 형무소에 도착하였으나, 면회 절차가 까다로워 오후 2시경에야 비로소 어느 독방으로 안내되었다. 전옥, 의사, 간수들이 입회한 가운데 이들의 비극적인 면회는 이루어졌다. 곡성을 내면 축출된다는 조건이었다. 불기라고는 조금도 없는 차디찬 시멘트 바닥 위에 죽은 듯이 누워 있었다.

훗날 부인 박자혜는 이날을 기록하였다. "지난 2월 18일 아침이었지요. 아이들은 밥해 먹여서 학교에 보내려고 하는데 전보 한 장이 왔습니다. 기가 막힙니다. 무엇이라 하리까. 어쨌든 당신이 위급한 경우에 있다는 것이라 세상이 캄캄할 뿐이니, 거저 앉아 있을 수가 있어야지요. 어떻게 되는 간에 수범이를 데리고 그날로 당신을 만나려고 떠났습니다. 뤼순형무소에 닿기는 그 이튿날 2월 19일 오후 3시 10분이었습니다. 그러나 당신은 벌써 의식을 잃어버리고 말았습니다. 15년이나 그리던 아내와 자식이 곁에 온 줄도 모르고 당신의 몸은 푸르팅팅하게 성낸 시멘트 방바닥에 꼼짝도 못하고 누워 있었지요. 나도 수범이도 울지를 못하고 목멘 채로 곧 여관에 와서 하룻밤을 앉아서 새우고 그 이튿날 아홉 시 되기를 기다려 다시 형무소에 갔습니다."

15년간 단 한 번도 보지 못하고, 이제는 죽음을 앞둔 신채호를 묘사한 부인의 절절한 회고가 가슴을 친다.

　　뤼순감옥에서 실제 수감되었던 죄수 황철성 증언에 의하면, '정치범'에게 잔인하게 하고, 병이 있으면 일체 치료해 주지 않았다고 한다. 하루는 감방에 지식인 같은 사람이 보내져 왔는데, 질병과 추위로 숨이 턱턱 막혔다. 아마도, 수형 후 전신에 감염돼 온몸에 종기와 옴 자국이 생겼다. 밤에, 나는 감옥 금지사항을 어기면 벌을 받을지도 모른다고 생각하여 돕지도 못하고, 요를 옮겨 그와 함께 이불 두 채를 덮었다. 그러나 그는 사흘째 되는 날 밤 몸에 온기가 없자, 이미 얼어 죽은 것을 그제야 발견하였다. (旅順監獄저 "政治犯" 很残忍, 有病一律不给医治。一天监房里送来一个知识分子模样的人, 由于疾病和冷饿他已奄奄一息, 可能是受刑后全身感染, 满身都是脓疮疥疤。到夜间, 我顾不上违反狱中禁令可能受罚, 将褥子移过去和他同盖内床被。可是到了第三天夜里感到他身体没有一点暖和气, 摇摇他才发现早已被冻死。)'

신채호 순국된 의무실 내부

이 증언에 의하면 신채호는 감옥 규칙에 의거해 치료를 전혀 받지 못하였을 것이다. 현재 의무실로 진입하면 진단실이 왼쪽이 있고, 약제실을 지나 왼쪽에 크게 전시공간이 있었다. 원래는 공간이 분리되어 있던 곳을 지금은 전시를 위하여 전체 모두 개방시켰다. 이 부분이 신채호가 누워 있었을 가능성이 가장 크다. 이곳에 뤼순감옥과 협조하여 '신채호 선생 순국지'라는 표지를 새길 필요가 있다.

가족이 온 줄도 모르고 홑이불이나 다름없는 얄팍한 이부자리 속에서 의식불명인 채 이미 죽음의 문턱에 들어선 듯, 그의 엄숙하리 만큼 창백한 모습을 보고 부인과 아들은 쓰러지듯 엎드려 명인(鳴咽 목으로 움)했으나 묵묵부답 말이 없었다. 입회 의사의 말은 "앞으로 한두 시간 정도일까, 길어야 오늘 자정을 못 넘긴다"는 것이었다. 아들은 이 말을 듣고 이루 말할 수 없는 슬픔에 잠겨 엎드린 채 유언을 청했으나, 시종 한마디 말씀도 남길 줄을 몰랐다. 간수들은 "면회시간이 이미 넘었으니 퇴출하라"고 가족들에게 명령하는 것이었다. 가족들은 "운명이 얼마 남지 않았다고 하는데, 두 시간 아니 한 시간만이라도 더 있게 해 달

국제전사관내 신채호 유언

150

라"고 몇 번이나 애원했으나, 간수들은 감옥 규칙을 내세워 냉정하게 뿌리쳤다. 가족들은 신채호의 임종을 눈앞에 두고도 할 수 없이 퇴출당했다. 한 시간 후, 오후 4시 20분경 오랜 감옥 생활로 인한 건강 악화를 이겨 내지 못하고 신채호는 57세로 생을 마감하였다.

내가 죽으면 나의 시체를 왜놈들이 밟지 못하도록 화장해서 바다에 뿌려 달라고 했던 단재 신채호 선생이다. 그러나 가족들에게 유언 한마디 남기지 못하고 관동형무소에서 험난한 죽음을 맞이하였던 것이다. 판결문 1통, '유맹원'이라고 새겨진 상아 도장, 작은 수첩 2권, 안재홍의 『백두산 등척기』,

被关押者按病类比较表 (수감자 질병유형 비교표)

病类别 disease categories 병류별 / 年度 annual 년도	精神病 정신병	精神系统病 精神通病 정신계통병	全身病 全身病 전신병	消化器官病 消化器官病 소화기관병	结核病 结核病 결핵병	呼吸器官病 呼吸器官病 호흡기관병	循环器官病 循环器官病 순환기관병	泌尿生殖器病 泌尿生殖器病 비뇨생식기병	运动器官病 运动器官病 운동기관병	性病 性病 성병	皮肤及其它 皮肤及其它 피부및기타	外伤 外伤 외상외상	眼及其它附属器官病 眼及其它附属器官病 눈및기타부속기관병	丹毒 단독	疟疾 말라리아	中毒 중독 중독	寄生虫 寄生충 기생충	计计 계계
1935年	2	9	7	43	13	34	4	10	18	12	16	29	4	1	1			203
1936年	1	2	15	29	10	48	4	11	5	2	12	9	3	1		1	5	158
增减 증감	1	7	8	14	3	14		1	13	10	4	20	1		1	1	5	45
备注 comments 각주	表示增加 : means increase. 증가표시																	

(자료: 뤼순일아 감옥구지 실록(2003)

신채호 화장터 입구(원보두부공장)

신채호 화장터 현재 모습

신채호 화장터 현재 내부(불을 때는 고로)

이선근의 『조선 최근세사』, 중국 돈 1원, 10통의 편지 등을 유품으로 남겼다. 2월 22일 아침 11시 반 쯤에 뤼순 화장터서 한 줌의 재가 되었다.

『뤼순일아 감옥구지 실록』에 의하면, 신채호 선생이 순국 당시 관동형무소에서 의무실 총 수감 환자는 158명으로 1935년보다 45명이 증가하였다. 특히 1936년 순환기관병의 환자가 4명인데 신채호가 뇌일혈로 순국하였으나 어쩌면 그와 관련 병명의 집계가 포함되어 있을 듯하다.

당시 뤼순의 화장터는 현재 그대로 보존되어 있다. 현재 뤼순의 소련 열사

뤼순감옥 정치범 명단(신채호이름이 붉게 선명히 보임, 뤼순감옥내 지옥열화 전시장내 위치)

능원으로 가는 삼리교(三里桥)라는 곳에 있다. 일본식 석조 건물로서 두 동이 그대로 보존되어 있다. 일본식 벚꽃의 문양이 선명하고 화장터 안에는 고로가 그대로 있다. 그런데 이 뤼순 화장터는 애석하게도 "원보두부"라고 하는 두부 공장의 사유지이다. 애석한 일이다. 최소한 "뤼순 신채호 화장지"라는 표지석이나 표지판이 세워져야 한다. 시급히 해야 할 일이다. 3년 전만에도 필자가 외부 출입하여 방문이 가능하였으나, 지금은 두부 공장 정문에서 통제하고 있고, 또한 신채호 화장터로 가는 길은 별도의 함석으로 된 문이 설치되어 들어갈 수가 없다. 그나마 원보 두부 공장지나 옆으로 올라가는 길 중간에서 멀리서나마 바라볼 수가 있다.

박자혜와 신수범, 서세충에 의하여 운구된 신채호의 유해는 2월 24일 오후 2시 50분경에 서울역에 도착한 뒤, 다시 출발하여 밤늦게 청주에 도착하여 신백우의 집에서 하루 머문 뒤, 다음날 고두미에 묻혔다. 당시 신채호는 민적이 없었던 관계로 매장 허가를 받지 못하여 암장하다시피 하였다. 만해 한용운이 신채호를 애도하는 뜻으로 비석을 마련하고, 오세창이 "단채 신채 호 지묘"라고 글을 각석까지 마쳤으나, 경찰의 감시가 심하여 운반하지 못하 고 심우장(한용운 별장) 뒤뜰에 숨겨 놓은 후에 신백우가 비석을 청주까지 도 보로 운반하여 묘소에 세웠다. 신채호의 묘소는 절벽을 바라보고 매장을 하였다가, 후에 지금의 장소로 이장하였다.

뤼순감옥압송 정치범 명단이 있다. 이는 1927년부터 1937년 10년간에 걸 친 다롄지하 당조직 관련 문서 속에 신채호 선생 자료를 확인할 수 있는 관 련된 중요한 단서가 있다. 1955년 다롄시에서 뤼순법원에서 수집한 일본 식 민통치시기 뤼순감옥 '범인' 사진 판 3,538장 중 정치범의 사진판인 1,182장 을 다롄시 법원에 인계한 적이 있다.

현재 이 사진은 현재 다롄시 당안관에 보관되어 있다. 다롄 당안관에 있 는 사진금판 명단에 신채호 선생이 있다. 그 정치범중 한국인 유상근(?~1945, 한인애국단), 최흥식(1909~1932, 한인애국단), 박상만(1901~1970, 본명 박희광), 그리고 신 채호의 명단이 있다. 전술한 판마오중 전 주임이 신채호의 사진을 확보한 것 도 이 사진을 보고 가능하였다. 이 정치범 명단에 기록을 보면, 편호, 범죄성 질, 성명, 성별, 출생년도, 사진 작성시간, 사진편호, 각주, 페이지 수 등이 기 록되어 있다. 전술한 신채호의 1-36은 아마도 정치범 명단의 편호에 해당될 것으로 추정된다. 그리하여 다롄시 당안관에 편호 1-36를 근거로 제시하여 관련 기록을 확인할 필요가 있다.

뤼순에서 신채호 선양사업을 하다

뤼순에서 신채호 선양 사업하는 단체는 두 곳이 있다. 첫 번째가 안중근 의사 재판을 받은 관동법원과 뤼순일아감옥구지 박물관이다. 뤼순 관동법원은 관동청법원의 본원으로 기능을 했던 곳으로 현재 뤼순순국선열재단에서 한국인의 성금으로 운영되고 있다. 2층 고등법원 1호 법정 옆 전시실에 신채호 선생의 일대기를 소개하는 현판이 한 장이 있다.

두 번째로, 뤼순일아감옥구지 박물관에서는 한국인 독립운동가를 위하여 별도의 시설(국제전사관, 안중근 의사 사형장 등)을 건립하여 추모하고 선양을 하고 있다. 신채호와 관련된 선양사업은 주로 전시, 저술, 교류 등으로 나눌 수가 있다. 우선 전시 부분을 보자. 국제 전사관을 대표적으로 들 수 있다. 일부 뤼순감옥을 방문한 관광객들은 뤼순감옥 서감방 일본 건립구역 2층에 걸려 있던 신채호 사진과 간단히 한 면의 신채호 소개 내용을 볼 수 있었다. 그러나 지금은 뤼순감옥 전시물 교체를 하면서 이 부분은 전혀 없어졌다. 지금은 국제 전사관에서 신채호와 관련된 내용을 볼 수 있다.

뤼순감옥에 신채호 선생이 소개된 저술부분은 단행본과 논문으로 나눌 수 있다. 단행본은 2018년 1월에 한·중·영으로 편저한 『뤼순감옥구지 박물관』이란 책이 있다. 그 속에 신채호 소개는 다음과 같다.

신채호(1880—1936), 한국 충청남도 대덕군 출신. 1919년 4월, 신채호가 상하이에서 대한민국임시정부 수립에 참여하여 임시의정원의원을 담임했다. 하지만 얼마 안 되어 결렬되었다. 1923년 『조선혁명선언』을 작성했다. 1928년 5월 28일 타이완 지룽 항

국제전사관 신채호 전람관 내부

에서 체포되어 그 후 일본 경찰에게 다롄까지 압송되어 뤼순감옥에서 수감되었다. 1936년 2월 뤼순감옥에서 돌아가셨다. (申采浩(1880—1936),韩国忠清南道大德郡人。1919年4月,申采浩在上海参与成立大韩民国临时政府,出任临时议政院议员,但不久与其决裂。1923年,写成《朝鲜革命宣言》。1928年5月28日在台湾基隆港被捕,随后被日本警察押解至大连,关押于旅顺监狱。1936年2月在旅顺监狱去世。)

신채호, 안중근 의사를 말하다

안중근 의사에 대한 신채호는 어떤 생각을 하였을까? 우리나라 독립운동가의 대표적인 안중근 의사와 뤼순감옥이라는 동일 공간에서 안중근 의사는 144일(1909년 11월 3일~1910년 3월 26일), 신채호는 4년여 기간(1920년 4월 20일~1936년 2월 21일)을 같이 거주하였다. 신채호의 안중근 의사에 대한 평가는 빈약하다. 현재 찾아볼 수 있는 사료에서 안중근 의사에 대한 언급은 3번 정도 찾을 수 있다.

우선, 신채호의 『권업신문』 제18호, 1912년 8월 29일자에 의하면,

우리의 원수를 활빈 청거장에서 단총 일발에

거꾸러뜨리고 뤼순구에서 영혼을 하나님께

부탁한 안중근(安重根)씨의 일도 이날이오.

'단군개국 사천이백사십오년팔월이십구일 이날 이날은 어떠한 날이오'로 시작하는 〈이날〉이라는 제목의 사설이다. 경술국치를 비롯한 우리나라 역사에 등장하는 주요사건에 대해 신채호는 자신의 견해를 피력하였다. 안중근 하얼빈의거와 뤼순커우에서 순국한 사실을 언급하셨다.

두 번째, 박은봉의 『한국사 100장면』에 소개된 내용에서 확인한 바에 의하면, "안중근 열사의 폭력적 행동은 열렬했지만, 그 후면에 민중적 역량의 기초가 없었다."며 비판적 시각을 보였다.

신채호는 안중근 의사가 주창한 동양평화론이나 국제법에 의한 해결보다는 강한 민족주의자로서 한국의 자강을 강조하였다. 뤼순감옥 시기 신채호는 아나키즘의 영향을 받은 시기였다.

세 번째, 『천고』 제 3호에 〈독립운동중의 쾌보: 요적 민원식을 죽인 사람이 누구인가? 28세의 청년 양근환[120] 열사〉에서 안중근 의사를 비유하고 있다.

---

120. 양근환(1894~1950)은 황해도 연백 출신으로, 일본에서 활약한 독립운동가이다. 1921년 친일단체

"오호라, 안중근 3자를 대서하여 아래로 하얼빈에서 이토(이등박문)을 쏘아 죽인 일을 덧붙이는 것은 그 광염이 500년래 한우충동(汗牛充棟)의 무슨 공, 무슨 선생 행장보다 억 만 배 더한 것이다. 하필 분장열폭(分章列幅)하여 다소의 망언을 첨부하고, 안중근의 전을 다시 짓는 것 만이겠는가"라고 기술을 하고 있다.

그러나 안중근 의사와 신채호가 한 일본에 대한 평가가 일치하는 부분도 있다.

신채호의 「조선혁명선언朝鮮革命宣言」 일부를 보면, "강도 일본이 우리의 국호를 없이 하며, 우리의 정권을 빼앗으며, 우리생존의 필요조건을 다 박탈하였다. 경제의 생명인 산림·천택(川澤)·철도·광산·어장 내지 소공업 원료까지 다 빼앗아 일체의 생산기능을 칼로 베이며 도끼로 끊고"라고 기술하고 있다. 식민통치에서 젊은이들의 가슴을 뜨겁게 했던 글이다. 무장독립의 자각과 투쟁을 하신 실천적인 행동가로서 신채호 선생의 명문장이다.

또한, 안중근 의사가 뤼순감옥에서 쓰신 『안응칠역사』 중에 기술된 15개조 「이토히로부미 죄악」이다. 그중 제6조를 보면 "철도, 광산, 산림, 천택을 강제로 빼앗은 죄요"라고 이토의 죄악을 밝히고 있다. 안중근 의사와 신채호의 표현에 공통으로 등장하는 일본의 죄악이 있다. 바로 '광산, 산림 강제로 빼앗은 죄'이다. 일본의 우리나라 침탈에 대한 두 분의 통렬한 채찍이며, 명쾌하게 죄악을 명시하였다.

안중근 의사와 신채호 선생은 뤼순감옥이라는 동일한 공간에서 일제에 수감되고 순국하셨다. 신채호의 영웅관이 떠오른다. "세계는 영웅의 활동무대이며, 영웅이야말로 세계를 창존 성신(聖神)이다." 안중근 의사와 신채호 영웅은 뤼순감옥 국제전사관에 나란히 전시되어 뤼순감옥을 찾아오는 한국 관광객은 물론 중국 관광객에 환영을 받고 있다.

하늘북을 다시 울려라

금년은 신채호가 마흔두 살에 베이징에서 『천고』 1권을 발행한지 100주년이 되었다. 『천고』(하늘북, 천둥에 비유한 천명의 소리)는 제1권 1호에서 "새 붓을 들고 새 먹을 갈고 새 벼루를 열어 『천고』를 간행하며 새해를 맞이하느라. (중략) 한번 울림에 그 소리가 천둥과 같고, 두 번 울림에 그 기운이 산과 같고, 세 번 네 번 울림에 의사(義士)들이 구름과 같이 모이고, 다섯 번 여섯 번 울림에 적(賊)들의 머리가 낙엽처럼 떨어지리라. 비린내와 누린내를 없애고, 나라의 빛을 되찾아, 우리의 산하(山河)를 다시 세운다면, 『천고』의 직분은 여기서 다하리라." 그는 힘차게 발간의 뜻을 축사로 밝히었다. 금년 100주년이 되는 올해 다시금 신채호의 정신을 회복하는 자세가 필요하다. 바로 그것이 『천고』를 다시 울리는 일이다. 그것은 중국 지역의 신채호 연구와 선양이다.

앞에서는 언론인, 교육자, 민족주의자에서 아나키스트로 삶을 살아온 신채호 선생의 일생 중에서 중국 중심에서 뤼순의 수감과 순국된 시기를 중심으로 살펴보았다. 현재 신채호가 재판을 받았던 관동청 지방법원(현 시티은행 다롄지점), 수감된 곳이었던 관동형무소(현 뤼순일아감옥구지 박물관), 신채호 순국지(현 뤼순일아감옥구지 박물관 의무실), 옥중 사진(현 천안 독립기념관 수장고), 신채호 관련

전시물(현 뤼순일아감옥구지 박물관 국제전사관), 신채호 화장터(현 뤼순원보두부 공장), 수형기록(현 다롄당안관 금박사진명단), 관동청형무소 다롄지소(미결수로 2년간 수감된 감옥), 저술 기록(현 뤼순일아 감옥구지 박물관 및 다롄시 근대사 연구소) 등이 뤼순 다롄 지역에 현존하고 있다.

이러한 신채호 연구의 중요한 기록들을 추가 연구해야한다. 최근 북한인 민 대학습당에서 소장했던 신채호 원고 원본이 중국 동북지역에 유통이 된 다는 이야기가 한국측 연구자들 사이에 회자되고 있다. 특히 신채호가 수감 된 감방이 현재 전혀 고증되어 있지 못하고 있다. 또한 다롄시 당안관에는 일본 헌병대 문서 자료가 있다. 다롄시 당안관의 비공개로 현재 실직적인 접 근과 연구를 진행하지 못하고 있다. 더 나아가 베이징으로 가면 신채호 선생 의 역작『천고』가 일부 비공개 되어 있다. 또한 베이징 지역과 상하이 지역, 환런 지역, 칭다오 지역에는 신채호와 관련된 유적이 있다. 이런 중국 지역의 신채호 연구와 선양을 위하여 무엇을 할 수 있을까? 결론은 상호교류 및 연구이다.

첫째, 뤼순 일아감옥구지 박물관과 상호 교류를 확대하고 심층연구를 지 속하는 것이다. 뤼순 일아감옥구지 박물관은 현재 서대문 형무소 역사관, 독립기념관, 안중근 의사 기념관과 협약을 맺어 활발한 교류를 하고 있다. 상호 전시물 교체와 전시, 상호 연구자 방문 교류, 세미나 등을 공동 개최하 고 있다. 대전시에도 민간형태의 단재 기념교육관을 설립하고 연구자를 확충 하여 뤼순 일아감옥구지 박물관과 협약을 하여, 다롄시 당안관 사진 자료 와 뤼순감옥의 선양 사업 등을 지속적으로 해야 한다. 그러나 현재 대전시 신채호 기념교육관이 문화재청에서 공공 박물관 지정이 탈락하여 계획이 무산되고 있는 형편이라고 한다. 다시금 에너지를 모아서 단재 기념교육관 설립을 준비해야 한다.

둘째 베이징 지역의 "『천고』 탐험대" 즉 재중항일역사기념사업회 독립운동가 선양 단체와의 상호 교류를 확대해야 한다. 현재 베이징에는 재외국민으로 구성된 『천고』탐험대가 단재 탐방 루트를 지속적이고 활발하게 탐방하고 있다. 베이징지역의 『천고』 발굴과 선양 사업을 확대하여야 한다.

셋째, 다롄지역 한인회와 밀접한 연락 채널을 만들어야 한다. 신채호 순국일을 맞이하여 다롄에서 추모할 수 있도록 노력해야 한다. 또한 다롄지역 한국 국제학교 학생들에게 신채호 선생의 정신을 함양할 수 있는 교육과 답사를 마련해야 한다.

넷째, 중국 신채호 연구를 위한 전문가 발굴 및 육성하여야 한다. 한국 내 중국 신채호 전문가를 배양 발굴하여 중국인들 중 신채호를 연구하고 선양하는 전문가나 전문 기관과의 교류자를 육성하여야 한다. 뤼순일아감옥구지 박물관, 베이징 『천고』탐험대, 칭다오지역, 환런지역에 대한 지속적 상호 교류를 할 수 있는 신채호 중국 전문가가 현재 시급히 필요하다.

다섯째, 중국 측 자료를 보완한 신채호 관련 저술을 하여 국민들에게 알려야 한다.

신채호는 중국 망명 시절 암울했던 국가의 현실을 알리고자 1921년 1월 중국 베이징에서 순한문잡지 『천고』를 창간했다. 올해로 그가 창간한 『천고』 발간 100주년이 되었다. 이제 다시 하늘북(천고)을 울려야 한다. 과거

100년간 신채호의 중국내 기록이 일천하다. 미래 100년을 위한 하늘북을 다시 울려야 한다. 바로 그것이 독립운동가 신채호의 중국내 연구가 필요한 까닭이다. 당시 단재 신채호 선생이 순한문잡지를 발행한 이유는 한국과 중국의 민중이 힘을 합쳐 일제와 싸워야 한다는 당위성을 널리 알리기 위함이었다. 미래 100년은 일본의 역사적 사과의 전제하에 미래지향적 포용력을 가져야 한다. 동아시아 중심, 나아가 세계의 중심으로 우뚝 서기 위한 노력은 바로 신채호 선생이 가졌던 치열한 삶의 실현인 것이다. 전 세계에 울릴 때까지 힘차게 하늘북을 다시 울려야 한다. 『천고(天鼓)』 창간호에 수록된 〈天鼓頌(천고송)〉을 읊어보면서 신들메를 질끈 동여맨다.

나는 하늘북(天鼓)을 울릴 줄 아는 자라.
그것은 슬퍼 할 수도 노여워 할 수도 없다네.
슬픈 소리는 서럽고, 노여운 소리는 장엄 하여
2천만 인민을 불러일으킨다네.
이에 의연히 죽음을 무릅쓰고
조종(朝宗)을 빛나게 하고
강토(疆土)를 회복할 것이며, 오랑캐 섬의 피를 모두 취해와
그것을 우리의 천고(天鼓)에 바를 것이니라.

참고문헌

(거술)

김삼웅, 『단재 신채호 평전』, 시대의 창, 2011

김월배, 김종서, 『뤼순 안중근 의사 유해발굴 간양록』, 청동거울, 2015.

김염홍, 단재신채호의 중국체험과 문학창작연구, 민족출판사, 2019

김하돈, 『단재기행』, 단재문화예술제전추진위원회, 2016

곽부순, 『뤼순일아감옥실록』, 지린인민출판사, 2003

류병호, 『뤼순감옥과 안중근 의사』, 다롄 뤼순지구한인민족운동가, 2007.

뤼순일아감옥구지박물관, 『뤼순일아감옥구지박물관』, 중국 금성 출판사, 2018,

박은봉, 『한국사 100장면』, 실천문학사, 2000,

신정일, 『신정일의 새로 쓰는 택리지 6 : 북한』, 다음 생각, 2012,

신채호, 『룡과 룡의 대격전』, 조선문학예술총동맹출판사, 1966.

이윤섭, 『세계속 한국 근대사』, 필맥, 2012,

이호룡, 『신채호 다시 읽기』, 돌베개, 2013,

이흥기, 『신채호&함석헌, 역사의길, 민족의길』, 김영사, 2013,

최홍규, 『신채호의 민족주의 사상』, 단재 신채호선생 기념 사업회, 1983.

『단재 신채호 전집』, 독립기념관 독립운동사 연구소, 2007,

木之内 誠외 3인, 『다롄·뤼순 역사 가이드 맵』, 大修館 서점, 2019,

〈논문〉

김병민 「대화와 상상: 단재 신채호의 동아시아 인식과 근대 상상」, 국어국문학회, 2016.

박걸순, 「1920년대 北京의 韓人 아나키즘운동과 義烈鬪爭」, 『동양학』 제54집, 단국대학

교 동양학연구원, 2013, p.109,

박용근, 「다롄, 뤼순지역 한민족 독립운동」, 다롄 한국 국제학술회의, 2007,

윤정란, 「일제강점기 박자혜의 독립운동과 독립운동가 아내로서의 삶」, 『이화사학연구』,

이화사학연구소, 2009,

최옥산, 「문학자 단재 신채호론」, 인하대학교 박사학위논문, 2003,

〈신문〉

〈동아일보〉, 〈대한매일 신보〉, 〈조선일보〉, 〈중화보〉, 〈신동아〉, 〈권업신문〉, 〈오마이뉴스〉

조선혁명선언(1923)

一

強盜日本이 우리의 國號를 없이하며 우리의 政權을 빼앗으며 우리의 生存的 必要條件을 다 剝奪하였다. 經濟의 生命인 山林·川澤·鐵道·礦山·漁場… 乃至 小工業原料까지 다 빼앗아 一切의 生産機能을 칼로 베이며 도끼로 끊고 土地稅·家屋稅·人口稅·家畜稅·百一稅· 地方稅·酒草稅·肥料稅·種子稅·營業稅·淸潔稅·所得稅… 其他 各種雜稅가 逐日增加하여 血液은 있는대로 다 빨아가고 如干商業家들은 日本의 製造品을 朝鮮人에게 媒介하는 中間人이 되어 차차 資本集中의 原則下에서 滅亡할 뿐이오, 大多數 人民 곧 一般農民들은 피땀을 흘리어 土地를 갈아 그 終年所得으로 一身과 妻子의 糊口꺼리도 남기지 못하고 우리를 잡아먹으려는 日本强盜에게 進供하여 그 살을 찌워주는 永世의 牛馬가 될 뿐이오, 乃終에는 그 牛馬의 生活도 못하게 日本移民의 輸入이 年年高度의 速率로 增加하여 『딸깍발이』등살에 우리 民族은 발 디딜 땅이 없어 山으로 물로 西間島로 北間島로 西比利亞(시베리아)의 荒野로 몰려가 餓鬼부터 流鬼가 될 뿐이며 强盜日本이 憲兵政治·警察政治를 勵行하여 우리 民族이 寸步의 行動도 任意로 못하고 言論·出版·結社·集會의 一切 自由가 없어 苦痛과 憤恨이 있으면 벙어리의 가슴이나 만질 뿐이오. 幸福과 自由의 世界에는 눈뜬 소경이 되고 子女가 나면『日語를 國語라, 日文을 國文이라.』하는 奴隷養成所-學校로 보내고 朝鮮사람으로 或 朝鮮歷史를 읽게된다 하면『檀君을 誣하여 素盞鳴尊의 兄弟라』하며, 『三韓時代漢江以南을 日本領地라』한 日本놈들의 적은대로 읽게 되며, 新聞이나 雜誌를 본다하면 强盜政治를 讚美하는 半日本化한 奴隷的 文字뿐이며, 똑똑한 子弟가 난다하면 環境의 壓迫에서 厭世絶望의 墮落者가 되거나 그렇지 않으면『陰謀事件』의 名稱下에 監獄에 拘留되어 周牢·枷鎖·단금질·채찍질·電氣질·바늘로 손톱밑·발톱밑을 쑤시는, 手足을 달아매는, 콧구멍에 물 붓는, 生殖器에 심지를 박는 모든 惡刑 곧 野蠻專制國의 刑律辭典에도 없는 갖은 惡刑을 다 당하고 죽거나 僥倖히 살아서 獄門에 나온대야 終身不具의 廢疾者가 될 뿐이라 그렇지 않을지라도 發明創作의 本能은 生活의 困難에서 斷絶하며 進取活潑의 氣象은 境遇의 壓迫에서 消滅되어 『찍도쩩도』못하게 各方面의 束縛, 鞭笞, 驅迫, 壓制를 받아 環海 三千里가 一個 大監獄이 되어 우리 民族은 아주 人類의 自覺을 잃을 뿐아니라 곧 自動的 本能까지 잃어 奴隸부터 機械가 되어 强盜手中의 使用品이 되고 말 뿐이며.

强盜日本이 우리의 生命을 草芥로 보아 乙巳以後 十三道의 義兵나던 各地方에서 日本軍隊의 行한 暴行도 이루 다 적을 수 없거니와 卽 最近 三一運動 以後 水原·宣川… 等의 國內各地부터 北間島·西間島·露領 沿海州 各處까지 到處에 居民을 屠戮한다, 村落을 燒火한다, 財産을 掠奪한다, 婦女를 汚辱한다, 목을 끊는다, 산채로 묻는다, 불에 사른다, 或 一身을 두동가리 세동가리에 내어 죽인다, 兒童을 惡刑한다, 婦女의 生殖器를 破壞한다 하여 할 수 있는 데까지 慘酷한 手段을 써서 恐怖와 戰慄로 우리 民族을 壓迫하여 人間의 『산송장』을 만들려 하는도다.

以上의 事實에 據하여 우리는 日本强盜政治 곧 異族統治가 우리 朝鮮民族生存의 敵임을 宣言하는 同時에 우리는 革命手段으로 우리 生存의 敵인 强盜日本을 殺伐함이 곧 우리의 正當한 手段임을 宣言하노라.

二

內政獨立이나 參政權이나 自治를 運動하는 者-누구냐?

너희들이 『東洋平和』『韓國獨立保全』等을 擔保한 盟約이 墨도 마르지 아니하여 三千

里 疆土를 집어먹던 歷史를 잊었느냐?『朝鮮人民生命財産自由保護』『朝鮮人民幸福增進』等을 申明한 宣言이 땅에 떨어지지 아니하여 二千萬의 生命이 地獄에 빠지던 實際를 못 보느냐? 三 ·運動(3·1운동, 1919) 以後에 强盜日本이 또 우리의 獨立運動을 緩和시키려고 宋秉畯·閔元植 等 一二賣國奴를 시켜 이따위 狂論을 부름이니 이에 附和하는 者-盲人이 아니면 어찌 奸賊이 아니냐?

設或 强盜日本이 果然 寬大한 度量이 있어 慨然히 此等의 要求를 許諾한다 하자. 所謂 內政獨立을 찾고 各種 利權을 찾지 못하면 朝鮮民族은 一般의 餓鬼가 될 뿐이 아니냐? 參政權을 獲得한다 하자. 自國의 無産階級의 血液까지 搾取하는 資本主義强盜國의 植民地人民이 되어 幾個奴隸代議士의 選出로 어찌 餓死의 禍를 救하겠느냐? 自治를 얻는다 하자. 그 何種의 自治임을 勿問하고 日本이 그 强盜的 侵略主義의 招牌인『帝國』이란 名稱이 存在한 以上에는 그 附屬下에 있는 朝鮮人民이 어찌 區區한 自治의 虛名으로써 民族的 生存을 維持하겠느냐?

設或 强盜日本이 突然히 佛 菩薩이 되어 一朝에 總督府를 撤廢하고 各種 利權을 다-우리에게 還付하며 內政外交를 다 우리의 自由에 맡기고 日本의 軍隊와 警察을 一時에 撤還하며 日本의 移住民을 一時에 召還하고 다만 虛名의 宗主權만 가진다 할지라도 우리가 萬一 過去의 記憶이 全滅하지 아니하였다 하면 日本을 宗主國으로 奉戴한다함이『恥辱』이란 名詞를 아는 人類로는 못할지니라.

日本强盜政治下에서 文化運動을 부르는 者- 누구이냐? 文化는 産業과 文物의 發達한 總積을 가르치는 名詞니 經濟掠奪의 制度下에서 生存權이 剝奪된 民族은 그 種族의 保全도 疑問이거든 하물며 文化發展의 可能이 있으랴? 衰亡한 印度族, 猶太族도 文化가 있다하지만 一은 金錢의 力으로 그 祖先의 宗敎的 遺業을 繼續함이며 一은 그 土地의 廣과

人口의 衆으로 上古의 自由發達한 餘澤을 保守함이니 어디 蚊蝱같이, 豺狼같이 人血을 빨다가 骨髓까지 깨무는 强盜日本의 입에 물린 朝鮮같은데서 文化를 發展 或 保守한 前例가 있더냐? 檢閱, 押收 모든 壓迫中에 幾個 新聞雜誌를 가지고 『文化運動』의 木鐸으로 自鳴하며 强盜의 脾胃에 거슬리지 아니할만한 言論이나 主唱하여 이것을 文化發展의 過程으로 본다하면 그 文化發展이 도리어 朝鮮의 不幸인가 하노라.

以上의 理由에 據하여 우리는 우리의 生存의 敵인 强盜日本과 妥協하려는 者(内政獨立, 自治, 參政權論者)나 强盜政治下에서 寄生하려는 主義를 가진 者(文化運動者)나 다 우리의 敵임을 宣言하노라.

三

强盜日本의 驅逐을 主張하는 가운데 또 如左한 論者들이 있으니

第一은 外交論이니 李朝 五百年 文弱政治가 『外交』로써 護國의 長策을 삼아 더욱 그 末世에 尤甚하여 甲申以來 維新黨, 守舊黨의 盛衰가 거의 外援의 有無에서 判決되며 爲政者의 政策은 오직 甲國을 引하여 乙國을 制함에 不過하였고, 그 依賴의 習性이 一般政治社會에 傳染되어 卽 甲午·甲辰 兩戰役에 日本이 累十萬의 生命과 累億萬의 財産을 犧牲하여 淸露(중국·러시아) 兩國을 물리고 朝鮮에 對하여 强盜的侵略主義를 貫徹하려 하는데 우리 朝鮮의 『祖國을 사랑한다, 民族을 건지려한다.』하는 이들은 一劍一彈으로 昏庸貪暴한 官吏나 國賊에게 던지지 못하고 公函이나 列國公館에 던지며 長書나 日本政府에 보내어 國勢의 孤弱을 哀訴하여 國家存亡, 民族死活의 大問題를 外國人, 甚至於 敵國人의 處分으로 決定하기만 기다리었도다. 그래서 『乙巳條約(을사늑약, 1905)』『庚戌合併(강제병탄, 한일강제병합, 1910)』곧 『朝鮮』이란 이름이 생긴 뒤 몇 千年만의 처음 當하던 恥辱

에 朝鮮民族의 憤怒的 表示가 겨우 哈爾賓의 총, 鍾峴의 칼, 山林儒生의 義兵이 되고 말았도다. 아! 過去 數十年 歷史야말로 勇者로 보면 唾罵할 歷史가 될 뿐이며 仁者로 보면 傷心할 歷史가 될 뿐이다. 그리고도 國亡以後 海外로 나아가는 某某志士들의 思想이 무엇보다도 먼저 『外交』가 그 第一章 第一條가 되며 國內人民의 獨立運動을 煽動하는 方法도 『未來의 美日戰爭·露日戰爭 等 機會』가 거의 千篇一律의 文章이었었고 最近 三一運動에 一般人士의 『平和會義·國際聯盟』에 對한 過信의 宣傳이 도리어 二千萬 民衆의 奮勇前進의 意氣를 打消하는 媒介가 될 뿐이었도다.

第二는 準備論이니 乙巳條約의 當時에 列國公館에 빗발덧듯하던 조희 쪽으로 넘어가는 國權을 붙잡지 못하며 丁未年(1907)의 海牙(헤이그) 密使도 獨立恢復의 福音을 안고 오지 못하매 이에 차차 外交에 對하여 疑問이 되고 戰爭아니면 안되겠다는 判斷이 생기었다. 그러나 軍人도 없고 武器도 없이 무엇으로써 戰爭하겠느냐? 山林儒生들은 春秋大義에 成敗를 不計하고 義兵을 募集하여 峩冠大衣로 指揮의 大將이 되며, 산양 砲手의 火繩隊를 몰아가지고 朝日戰爭의 戰鬪線에 나섰지만 新聞 쪽이나 본 이들-곧 時勢를 斟酌한다는 이들은 그리할 勇氣가 아니 난다. 이에 『今日今時로 곧 日本과 戰爭한다는 것은 妄發이다. 총도 장만하고, 돈도 장만하고, 大砲도 장만하고, 將官이나 士卒, 가옥까지라도 다 장만한 뒤에야 日本과 戰爭한다.』함이니 이것이 이른바 準備論 곧 獨立戰爭을 準備하자 함이다. 外勢의 侵入이 더할수록 우리의 不足한 것이 자꾸 感覺되어 그 準備論의 範圍가 戰爭以外까지 擴張되어 敎育도 振興해야겠다 商工業도 發展해야겠다. 其他 무엇무엇 一切이 모두 準備論의 部分이 되었었다. 庚戌以後 各志士들이 或 西北間島의 森林을 더듬으며 或 西比利亞(시베리아)의 찬바람에 배부르며 或 南北京으로 돌아다니며 或 美洲나 『하와이』로 들어가며 或 京鄕에 出沒하여 十餘 星霜 內外各地에서 목이 터질 만치 準備! 準備! 를 불렀지만 그 所得이 몇 개 不完全한 學校와 實力없는 會뿐이었다. 그러나 그들의 誠力의 不足이 아니라 實은 그 主張의 錯誤이다. 强盜日本이 政治經濟 兩方面으로 驅迫을 주어 經濟가 날로 困難하고 生産機關이 全部 剝奪되어 衣食의 方策도 斷絶되는 때에 무엇으로? 어떻게? 實業을 發展하며? 敎育을 擴張하며? 더구나 어디서? 얼마나? 軍人을 養成하며? 養成한들 日本戰鬪力의 百分之一의 比較라도 되게 할 수 있느냐? 實로 一場의 잠꼬대가 될 뿐이로다.

以上의 理由에 依하여 우리는 『外交』『準備』等의 迷夢을 버리고 民衆直接革命의 手段을 取함을 宣言하노라.

四

朝鮮民族의 生存을 維持하자면 强盜日本을 驅逐할지며 强盜日本을 驅逐하자면 오직 革命으로써 할 뿐이니 革命이 아니고는 强盜日本을 驅逐할 方法이 없는 바이다.

그러나 우리가 革命에 從事하려면 어느 方面부터 着手하겠느냐?

舊時代의 革命으로 말하면 人民은 國家의 奴隸가 되고 그 以上에 人民을 支配하는 上典 곧 特殊勢力이 있어 그 所謂 革命이란 것은 特殊勢力의 名稱을 變更함에 不過하였다. 다시 말하자면 곧 『乙』의 特殊勢力으로 『甲』의 特殊勢力을 變更함에 不過하였다. 그러므로 人民은 革命에 對하여 다만 甲乙 兩勢力 곧 新舊 兩上典의 執仁·執暴·執善·執惡을 보아 그 向背를 定할 뿐이요, 直接의 關係가 없었다. 그리하여 『誅其君而弔其民』이 革命의 惟一宗旨가 되고 『簞食壺漿以迎王師』가 革命史의 唯一美談이 되었었거니와 今日革命으로 말하면 民衆이 곧 民衆自己를 爲하여 하는 革命인 故로 『民衆革命』이라 『直接革命』이라 稱함이며 民衆直接의 革命인 故로 그 沸騰澎漲의 熱度가 數字上 强弱比較의 觀念을

打破하며 그 結果의 成敗가 번번이 戰爭學上의 定軌에 逸出하여 無錢無兵한 民衆으로 百萬의 軍隊와 億萬의 富力을 가진 帝王도 打倒하며 外寇도 驅逐하나니 그러므로 우리 革命의 第一步는 民衆覺悟의 要求니라.

民衆이 어떻게 覺悟하느뇨?

民衆은 神人이나 聖人이나 어떤 英雄豪傑이 있어『民衆을 覺悟』하도록 指導하는데서 覺悟하는 것도 아니요『民衆아 覺悟하자』『民衆이여 覺悟하여라』그런 熱叫의 소리에서 覺悟하는 것도 아니요.

오직 民衆이 民衆을 爲하여 一切 不平·不自然·不合理한 民衆向上의 障礙부터 먼저 打破함이 곧『民衆을 覺悟케』하는 惟一方法이니 다시 말하자면 곧 先覺한 民衆이 民衆의 全體를 爲하여 革命的 先驅가 됨이 民衆覺悟의 第一路니라.

一般民衆이 飢·寒·困·苦·妻呼·兒啼·稅納의 督棒·私債의 催促·行動의 不自由 모든 壓迫에 졸리어 살려니 살 수 없고, 죽으려 하여도 죽을 바를 모르는 판에 萬一 그 壓迫의 主因되는 强盜政治의 施設者인 强盜들을 擊斃하고 强盜의 一切施設을 破壞하고 福音이 四海에 傳하며 萬衆이 同情의 눈물을 뿌리어 이에 人人이 그『餓死』以外에 오히려 革命이란 一路가 남아있음을 깨달아 勇者는 그 義憤에 못 이기어 弱者는 그 苦痛에 못 견디어 모두 이 길로 모여들어 斷續的으로 進行하며 普遍的으로 傳染하여 擧國一致의 大革命이 되면 奸猾殘暴한 强盜日本이 必竟驅逐되는 날이라. 그러므로 우리의 民衆을 喚醒하여 强盜의 統治를 打倒하고 우리 民族의 新生命은 開拓하자면 養兵 十萬이 一擲의 炸彈만 못하며 億千張 新聞雜誌가 一回暴動만 못할지니라.

民衆의 暴力的 革命이 發生치 아니하면 已어니와 이미 發生한 以上에는 마치 懸崖에서 구르는 돌과 같아야 目的地에 到達하지 아니하면 停止하지 않는 것이라. 우리 已往의 經過

로 말하면 甲申政變은 特殊勢力이 特殊勢力과 싸우던 宮中 一時의 活劇이 될 뿐이며, 庚戌前後의 義兵들은 忠君愛國의 大義로 激起한 讀書階級의 思想이며 安重根·李在明 等 烈士의 暴力的 行動이 熱烈하였지만 그 後面에 民衆的 力量의 基礎가 없었으며 三一運動의 萬歲소리에 民衆的 一致의 意氣가 瞥現하였지만 또한 暴力的 中心을 가지지 못하였도다. 『民衆·暴力』兩者의 其一만 빠지면 비록 轟烈壯快한 擧動이라도 또한 雷電같이 收束하는도다.

朝鮮안에 强盜日本의 製造한 革命原因이 산 같이 쌓였다. 언제든지 民衆의 暴力的 革命이 開始되어 『獨立을 못하면 살지 않으리라.』『日本을 驅逐하지 못하면 물러서지 않으리라.』는 口號를 가지고 繼續 前進하면 目的을 貫徹하고야 말지니, 이는 警察의 칼이나 軍隊의 총이나 奸猾한 政治家의 手段으로도 막지 못하리라.

革命의 記錄은 自然히 慘絶壯絶한 記錄이 되리라. 그러나 물러서면 그 後面에는 黑暗한 陷穽이요, 나아가면 그 前面에는 光明한 活路니, 우리 朝鮮民族은 그 慘絶壯絶한 記錄을 그리면서 나아갈 뿐이니라.

이제 暴力-暗殺, 破壞, 暴動-의 目的物을 大略 列擧하건대

一. 朝鮮總督 及 各官公吏

二. 日本天皇 及 各官公吏

三. 偵探奴, 賣國賊

四. 敵의 一切 施設物

此外에 各 地方의 紳士나 富豪가 비록 現著히 革命的 運動을 妨害한 罪가 없을지라도 만일 言語 或 行動으로 우리의 運動을 緩和하고 中傷하는 者는 우리의 暴力으로써 對付할 지니라. 日本人 移住民은 日本强盜政治의 機械가 되어 朝鮮民族의 生存을 威脅하는

先鋒이 되어 있은 즉 또한 우리의 暴力으로 驅逐할 지니라.

革命의 길은 破壞부터 開拓할 지니라. 그러나 破壞만 하려고 破壞하는 것이 아니라 建設하려고 破壞하는 것이니 만일 建設할 줄을 모르면 破壞할 줄도 모를지며, 破壞할 줄을 모르면 建設할 줄도 모를지니라. 建設과 破壞가 다만 形式上에서 보아 區別될 뿐이요, 精神上에서는 破壞가 곧 建設이니 이를테면 우리가 日本勢力을 破壞하려는 것이 第一은 異族統治를 破壞하자 함이다. 왜? 『朝鮮』이란 그 위에 『日本』이란 異族, 그것이 專制하여 있으니 異族專制의 밑에 있는 朝鮮은 固有的 朝鮮이 아니니 固有的 朝鮮을 發見하기 爲하여 異族統治를 破壞함이니라. 第二는 特權階級을 破壞하자 함이다. 왜? 『朝鮮民衆』이란 그 위에 總督이니, 무엇이니 하는 强盜團의 特權階級이 壓迫하여 있으나 特權階級의 壓迫 밑에 있는 朝鮮民衆은 自由的 朝鮮民衆이 아니니 自由的 朝鮮民衆을 發見하기 爲하여 特權階級을 打破함이니라. 第三은 經濟掠奪制度를 破壞하자함이다. 왜? 掠奪制度 밑에 있는 經濟는 民衆自己가 生活하기 爲하여 組織한 經濟가 아니요, 곧 民衆을 잡아먹으려는 强盜의 살을 찌우기 爲하여 組織한 經濟니, 民衆生活을 發展하기 爲하여 經濟掠奪制度를 破壞함이니라. 第四는 社會的 不平均을 破壞하자 함이다. 왜? 弱者 以上에 强者가 있고 賤者 以上에 貴者가 있어 모든 不平均을 가진 社會는 서로 掠奪, 서로 剝削, 서로 嫉妬仇視하는 社會가 되어 처음에는 少數의 幸福을 爲하여 多數의 民衆을 殘害하다가 末竟에는 또 少數끼리 서로 殘害하여 民衆全體의 幸福이 畢竟 數字上의 空이 되고 말뿐이니 民衆 全體의 幸福을 增進하기 爲하여 社會的 不平均을 破壞함이니라. 第五는 奴隸的 文化思想을 破壞하자 함이다. 왜? 遺來하던 文化思想의 宗敎·倫理·文學·美術·風俗·習慣

그 어느 무엇이 强者가 製造하여 强者를 擁護하던 것이 아니더냐? 强者의 娛樂에 供給하던 諸具가 아니더냐? 一般民衆을 奴隷化케 하던 魔醉劑가 아니더냐? 少數階級은 强者가 되고 多數民衆은 도리어 弱者가 되어 不義의 壓制를 反抗치 못함은 專혀 奴隷的 文化思想의 束縛을 받은 까닭이니 만일 民衆的 文化를 提唱하여 그 束縛의 鐵鎖를 끊지 아니하면 一般民衆은 權利思想이 薄弱하며 自由 向上의 興味가 缺乏하여 奴隷의 運命 속에서 輪廻할 뿐이라. 그러므로 民衆文化를 提唱하기 爲하여 奴隷的 文化思想을 破壞함이니라. 다시 말하자면 『固有的 朝鮮의』『自由的 朝鮮民衆의』『民衆的 經濟의』『民衆的 社會의』『民衆的 文化의』朝鮮을 『建設』하기 爲하여 『異族統治의』『掠奪制度의』『社會的 不平均의』『奴隷的 文化思想의』現象을 打破함이니라. 그런즉 破壞的 精神이 곧 建設的 主張이라. 나아가면 破壞의 『칼』이 되고 들어오면 建設의 『旗』가 될지니 破壞할 氣魄은 없고 建設할 癡想만 있다하면 五百年을 經過하여도 革命의 꿈도 꾸어보지 못할지니라. 이제 破壞와 建設이 하나이요, 둘이 아닌 줄 알진대 民衆的 破壞 앞에는 반드시 民衆的 建設이 있는 줄 알진대 現在 朝鮮民衆은 오직 民衆的 暴力으로 新朝鮮 建設의 障礙인 强盜日本勢力을 破壞한 것 뿐인 줄을 알진대 朝鮮民衆이 한편이 되고 日本强盜가 한편이 되어 네가 亡하지 아니하면 내가 亡하게 된 『외나무다리 위』에선 줄을 알진대 우리 二千萬 民衆은 一致로 暴力破壞의 길로 나아갈지니라.

民衆은 우리 革命의 大本營이다.

暴力은 우리 革命의 惟一武器이다.

우리는 民衆속에 가서 民衆과 携手하여

不絶하는 暴力-暗殺, 破壞, 暴動으로써

强盜日本의 統治를 打倒하고

우리 生活에 不合理한 一切制度를 改造하여

人類로써 人類를 壓迫지 못하며 社會로써 社會를 剝削지 못하는 理想的 朝鮮을 建設

할지니라.

四千二百五十六年(1923) 一月 日

성토문(1921)

我二千萬 兄弟姉妹에게 向하여 李承晩·鄭漢卿 等 對美委任統治請願 곧 賣國賣族의 請願을 提出한 事實을 擧하여 그 罪를 聲討하노라.

李 等의 該請願 提出은 곧 四千二百五十二年 三月頃 我國獨立運動勃發의 同時라. 世界의 大戰이 終結되자 平和會義가 開設되며 따라서 民族自決의 聲浪이 높았도다. 이에 各 民族의 自由대로 (一) 固有의 獨立을 잃은 民族은 다시 그 獨立을 恢復하며 (二) 甲國의 所有로 乙國에 빼앗기었던 土地는 다시 甲國으로 돌리며 (三) 兩强國間 彼此爭奪되는 地方은 그 地方居民의 意思에 依하여 統治의 主權을 自擇하게 하며 (四) 오직 德·奧·土(독일·오스트리아·터키)의 各 植民地는 그 主國이 亂首의 責罰로 이를 沒收하여 協約國에 委任統治한 바 되었도다. 以上 一·二·三項 곧 民族自決問題에 依하여 歐洲(유럽)內 數十個 新獨立國과 新變更된 幾個地方이 있는 以外에 實行되지 못한 곳이 더 많거니와 當初에는 各 强國들도 그와 같이 떠들었으며 許多 亡國 民族들은 이와 같이 되기를 빌었도다.

五千年 獨立의 古國으로 無理한 蠻國의 竝吞을 받아 十年 血戰을 繼續하여 온 우리 朝鮮도 이 思潮에 應하여 더욱 奮發할새 內地는 勿論이요, 中領의 朝鮮人도 獨立을 부르며 俄領(러시아)의 朝鮮人도 獨立을 부르며 美領(미국)의 朝鮮人도 獨立을 부르며 日本 東京의 朝鮮 留學生도 獨立을 부를새, 더욱 美領(미국)의 同胞들은 國民會(대한국민회)의 主動으로 各處響應하여 勞動所得의 血汗錢을 거두어 平和會義(파리평화회의)에 朝鮮獨立問題를 提出하기 爲하여 代表를 뽑아 巴黎(파리)에 보낼새 李와 鄭 等이 그 뽑힌 바 되어 發程하다가 旅行券의 難得으로 中路에서 滯留할새 彼 等이 合倂(한일강제병합, 강제병탄, 1910)十年 人의 植民地된 痛恨을 잊었던가. 獨立을 爲하여 劍에 銃에 惡刑에 죽은 先忠先烈이 계심을 몰랐던가. 朝鮮을 自來獨立國이 아닌 줄로 생각하였던가. 遽然히 委任統治請願書 곧

朝鮮이 美國植民地 되어지다 하는 要求를 美國政府에 提出하여 賣國賣族의 行爲를 敢行하였도다.

獨立이란 금에서 一步를 물러서면 合倂(1910)賊魁의 李完用이 되거나 政合邦論者의 安秉暖이 되거나 自治運動者의 閔元植이 되어 禍國의 妖孼이 並作하리니 獨立의 大防을 爲하여 李·鄭 等을 誅討치 아니 할 수 없으며 傍觀者의 眼中에는 朝鮮이 이미 滅亡하였다 할지라도 朝鮮人의 心中에는 永遠獨立의 朝鮮이 있어 日本뿐 아니라 곧 世界何國을 勿論하고 우리 朝鮮에 向하여 無禮를 加하거든 劍으로나 銃으로나 아니면 赤手空拳으로라도 血戰함이 朝鮮民族의 精神이니, 만일 이 精神이 없이 親日者는 日本에, 親美者는 美國에, 親英者나 親俄者는 英國이나 俄國에 奴隸됨을 願한다 하면 朝鮮民族은 生生世世 奴隸의 一道에 輪廻되리니 獨立의 精神을 爲하여 李·鄭 等을 誅討 아니 할 수 없으며 우리 前途는 全國 二千萬의 要求가「獨立뿐」이란 血과 淚의 叫呼로 內론 同胞의 誠力을 團合하여 外론 列國의 同情을 博得함에 在하거늘 이제 委任統治의 邪論을 容許하면 岐路를 열어 同胞를 迷惑케 할 뿐 아니라 또 滑稽矛盾으로써 外國人에게 보이어 朝鮮民族의 眞意가 어디 있는가를 懷疑케 함이니 獨立運動의 前途를 爲하여 李·鄭 等을 誅討 아니 할 수 없도다.

委任統治請願에 對하여 在美 國民會(대한국민회)中央總會長 安昌浩는 同意든지 默認이든지 該會의 主幹者로서 李·鄭 等을 代表로 보내어 該請願을 올리었으니 그 罪責도 또한 容恕할 수 없으며 上海議政院(대한민국임시의정원)이 所謂 臨時政府(대한민국임시정부)를 組織할 때에 벌써 傳播된 委任統治請願 云云의 說을 李 等과 私憾있는 者의 做出이라 하여 徹底히 査核하지 않고 李承晩을 國務總理로 推定함도 千萬의 輕擧니와 第二次 所謂 閣員을 改造할 때에는 환하게 該請願의 提出이 事實됨을 알았는데 마침내 李承晩을 大統領으로 選擧한 罪는 더 重大하며 特派大使 金奎植이 歐洲로부터 돌아와 「朝鮮사람이 獨立運動을 하면서 어찌하여 委任統治請願者 李承晩을 大統領에 任하였느냐.」하는 各國 人士의 反問에 아무 回答할 말이 없었다 하여 萬邦에 騰笑된 實狀을 傳하거늘 그래도 李는 尊戴하겠다 하여 그 犯罪의 彈劾은 없으며 그 請願의 取消시킬 意思도 없이 오직 擁護의 策劃만에 熱中하는 議政員이나 閣員이란 某某들의 그 心理를 알지 못하겠도다.

或曰 李承晩의 委任統治請願은 自治運動의 閔元植과 같이 徹底의 主張이 아니요, 다만 一時의 迷誤인 故로, 李도 至今에는 이 일을 옳은 줄로 自處함이 아니니 구태여 追罪할 것이 없다 하나, 그럴진대 彼 等이 卽時 美國政府에 向하여 그 請願의 取消를 聲明하고 國人에게 向하여 妄作의 罪를 謝하여서 萬分의 一이라도 自贖의 道를 求함이 可하거늘, 이제 十手의 指點을 不顧하고 儼然히 上海에 來하여 所謂 大統領의 名義로 오히려 輿論을 籠絡하려 하니, 이는 禍心을 包藏한 逆賊이 아니면 苟且庸碌의 鄙夫라. 逆賊이나 鄙夫를 假借하여 國民의 名譽를 汚辱하면 또한 可痛하지 아니한가.

當初에는 該請願의 提出與否 接受與否가 모두 模糊暗昧의 中에 있으므로, 本人 等도 疑慮만 拘할 뿐이요, 進하여 誅討의 擧를 伸치 못하였더니, 오늘 와서는 事實의 全部가 暴露되어 우리 國民이 다시는 容忍하지 못하겠도다. 玆에 第(一) 李 等의 罪狀을 宣布하여 後來者를 爲하여 警懲의 義를 昭垂하며, 第(二) 美國政府에 向하여 二千萬을 代表하였다 云함은 李承晩·鄭漢卿 等의 誣白이니 該請願은 곧 李承晩·鄭漢卿 等 一二個人의 自作이요 우리 國民의 與知한바 아니라 하여 그 請願의 無效됨을 聲明하기로 決議하고 右의 聲討文을 發하여 遠近의 同聲으로 前途의 共濟를 바라노라.

紀元 四千二百五十四年 四月 十九日

姜卿文(강경문)·高光寅(고광인)·奇雲(기운)·金周炳(김주병)·金世晙(김세준)·金在禧(김재희)·金元鳳(김원봉)·金昌淑(김창숙)·金孟汝(김맹여)·金天浩(김천호)·金甲(김갑)·金世相(김세상)·金炳植(김병식)·金一鐸(김일탁)·金昌根(김창근)·金子言(김자언)·南公善(남공선)·都經(도경)·李大根(이대근)·李聲波(이성파)·李克魯(이극로)·李康埈(이강준)·李一春(이일춘)·李起一(이기일)·林大柱(임대주)·朴健秉(박건병)·朴容珏(박용각)·朴基重(박기중)·方漢泰(방한태)·裴達武(배달무)·裴煥(배환)·徐白羊(서백양)·徐白甫(서백보)·孫學海(손학해)·宋虎(송호)·申采浩(신채호)·申達模(신달모)·安如磐(안여반)·吳基燦(오기찬)·吳成崙(오성륜)·尹大濟(윤대제)·張元城(장원성)·張建相(장건상)·全鴻陞(전홍승)·鄭寅敎(정인교)·趙俊(조준)·趙鎭元(조진원)·趙鼎(조정)·朱哲(주철)·崔用德(최용덕)·崔黙(최묵)·崔允明(최윤명)·河鶴(하학)·韓興(한흥)

180

(현대역)

우리 2천만 형제자매에 향하여 이승만(李承晩)·정한경(鄭翰景) 등 대미 위임통치 청원(對美委任統治請願) 및 매국·매족의 청원을 제출한 사실을 들어서 그 죄를 성토하노라.

이(李) 등의 해 청원 제출은 곧 4252년 3월경 아국 독립운동 발발(勃發)과 동시하여 세계의 대전이 종결되자 평화회의(平和會議)가 개설되고, 따라서 민족자결(民族自決)의 성랑(聲浪)이 높았도다. 이에 각 민족이 자유대로 (1) 고유의 독립을 잃은 민족은 다시 그 독립을 회복하며, (2) 갑국(甲國)의 소유로 을국(乙國)에 빼앗기었던 토지는 다시 갑국으로 돌리며, (3) 양 강국간 피차 쟁탈되는 지방은 그 지방 거민(居民)의 의사에 의하여 통치의 주권을 자택(自擇)하게 하며, (4) 오직 덕(德)·오(奧)·토(土)의 각 식민지는 그 주국(主國)이 난수(亂首)의 책벌(責罰)로 이를 몰수하여 협약국에 위탁 통치한 바 되었도다. 이상 (1)(2)(3)항 및 민족자결 문제에 의하여 구주(歐洲) 내 수십개 신독립국과 신변경(新變更)한 몇개 지방이 있는 이외에 실행되지 못한 곳이 더 많거니와 당초에는 각 강국들도 다 그와 같이 떠들었으며 허다 망국민족(亡國民族)들은 이와 같이 되기를 빌었도다.

5천년 독립의 고국(古國)으로 무리한 만국(蠻國)의 병탄(倂呑)을 받아 10년 혈전을 계속하여 온 우리 조선도 이 사조(思潮)에 응하여 더욱 분발할 새, 내지(內地)는 물론이요, 중령(中領)의 조선인도 독립을 부르며, 아령(俄領)의 조선인도 독립을 부르며, 미령(美領)의 조선인도 독립을 부르며, 일본 동경의 조선 유학생도 독립을 부를새, 더욱 미령의 동포들은 국민회(國民會)의 주동으로 각처 향응(響應)하여 노동소득의 혈한전(血汗錢)을 거두어 평화회의에 조선독립 문제를 제출하기 위하여 대표를 뽑아 빠리에 보낼새, 이(李)와 정(鄭) 등이 그 뽑힌 바 되어 발정(發程)하다가 여행권의 난득(難得)으로 중로에서 체류할새, 저들이 합병 10년 일인의 식민지 된 통한을 잊었던가. 독립을 위하여 검(劍)에 총(銃)에 악형에 죽은 선충선열(

先忠先烈(선충선열)이 계심을 몰랐던가. 조선을 자래(自來) 독립국이 아닌 줄로 생각하였던가. 거연히 위임통치 청원서 및 조선의 미국 식민지 되어지이다 하는 요구를 미국정부에 제출하여 매국·매족의 행동을 감행하였도다.

독립이란 금에서 일보를 물러서면 합병 적괴의 이완용(李完用)이 되거나, 정합방론자(政合邦論者)의 송병준(宋秉畯)이 되거나, 자치운동의 민원식(閔元植)이 되어, 화국(禍國)의 요얼(妖孼)이 병작하리니, 독립의 대방(大防)을 위하여 이·정 등을 주토(誅討)치 아니할 수 없으며, 방관자의 안중에는 조선이 이미 멸망하였다 할지라도 조선인의 심중에는 영원 독립의 조선이 있어, 일본뿐 아니라 곧 세계 하국(何國)을 물론하고 우리 조선에 향하여 무례를 가하거든 검으로나 총으로나 아니면 적수공권(赤手空拳)으로라도 혈전(血戰)함이 조선민족의 정신이니, 만일 이 정신이 없이 친일자는 일본에, 친미자는 미국에, 친영자나 친아자는 영국이나 아국(俄國)에 노예 됨을 원한다 하면, 조선민족은 생생세세(生生世世) 노예의 일도(一道)에 윤회되리니, 독립의 정신을 위하여 이·정 등을 주토(誅討) 아니할 수 없으며, 우리 전도는 전국 2천만의 요구가 '독립뿐'이란 혈(血)과 누(淚)의 규호(叫呼)로 안으론 동포의 성력(誠力)을 단합하며, 밖으론 열국의 동정을 박득(博得)함에 있거늘, 이제 위임통치의 사론(邪論)을 용허하면 기로(岐路)를 열어 동포를 미혹케 할 뿐 아니라, 또 골계모순(滑稽矛盾)으로써 외국인에게 보이어 조선민족의 진의가 어디 있는가를 회의케 하리니, 독립운동의 전도를 위하여 이·정 등을 주토 아니할 수 없도다.

위임통치 청원에 대하여 재미 국민회 중앙총회장 안창호(安昌浩)는 동의든지 묵인이든지 해회(該會)의 주간자로서 이·정 등을 대표로 보내어 해청원을 올리었으니, 그 죄책도 또한 용서할 수 없으며, 상하이 의정원이 소위 임시정부를 조직할 때에, 앞서 전파된 위임통치 청원 운운의 설을 이 등과 사감 있는 자의 주출(做出)이라 하여 철저히 사핵(查核)하지 않고 이승만을 국무총리로 추정함도 천만의 경거(輕擧)이거니와 제2차 소위 각원(閣員)을 개조할 때에는 환하게 해 청원의 제출이 사실임을 알았는데, 마침내 이승만을 대통령으로 선거한 죄는 더 중대하며, 특파대사 김규식(金奎植)이 구주로부터 돌아와 "조선 사람이 독립운동을 하면서 어찌하여 위임통치 청원자 이승만을 대통령에 임하였느냐."하는 각국 인사의 반문에 아무 회답할 말이 없었다 하여, 만방에 등소(騰笑)된 실상을 전하거늘, 그래도 이(李)는 존대(尊戴)하였다 하여 그 범죄의 탄핵은 없으며, 그 청원의 취소시킬 의사도 없이, 오직 옹호의 책획(策劃)함에 열중하는 의정원이나 각원이란 모모들의 그 심리를 알지 못하겠도다.

혹왈, 이승만의 위임통치 청원은 자치운동의 민원식과 같이 철저한 주장이 아니고 다만 때의 미오(迷誤)인 고로, 이(李)도 지금에는 이 일을 옳은 줄로 자처함이 아니니 구태여 추죄(追罪)할 것이 없다 하나, 그럴진대 저들이 즉시 미국 정부에 향하여, 그 청원의 취소를 성명하고 국인에게 향하여 망작(妄作)의 죄를 사(謝)하여 써 만분의 일이라도 자속(自贖)의 도를 구함이 가하거늘, 이제 십수(十手)의 지점(持點)을 불고하고 엄연히 상하이에 와서 소위 대통령의 명의(名義)로 오히려 여론을 농락하려 하니, 이는 화심(禍心)을 포장(包藏)한 역적이 아니면 구차용록(苟且庸碌)의 비부(鄙夫)이다. 역적이나 비부를 가차(假借)하여 국민의 명예를 오욕(汚辱)하면 또한 가통(可痛)하지 아니한가.

당초에는 해 청원이 제출 여부·접수 여부가 모두 모호암매(模糊暗昧)의 중에 있으므로 본인 등도 의려(疑慮)만 포(抱)할 뿐이요, 나아가 주토(誅討)의 거(擧)를 펴지 못하였더니, 오늘와서는 사실의 전부가 폭로되어 우리 국민이라고는 용인하지 못하겠도다.

이에 제일 이 등의 죄상을 선포하여 후래자를 위하여 경징(警懲)의 의(義)를 소화(昭華)하며, 제이 미국정부에 향하여 2천만을 대표하였다 말함은 이승만·정한경 등은 무자(誣自)이니, 해 청원은 곧 이승만·정한경 등 1,2 개인의 자작이요, 우리 국민의 여지(與知)할 바 아니

라 하여, 그 청원의 무효됨을 성명하기로 결의하고, 위의 성토문을 발하여 원근의 동성(同聲

)으로 전도의 공제(共濟)를 바라노라.

기원 4254년 4월 19일

신채호 연보

1880년 (1세)

- 12월 8일(음력 11월 7일) 충청다오 회덕현 산내면(山內面) 어남리(於南里) 도리미에서 아버지 신광식(申光植)과 어머니 밀양(密陽) 박씨(朴氏)의 차남으로 출생.

- 본관(本貫)은 고령(高靈)으로 신숙주(申叔舟)의 18세손. 고령 신씨(高靈 申氏)의 일부는 연산군 무렵에 충청북도 청원군 낭성과 가덕(加德) 지방에 낙향하여 청주 상당산(上黨山) 동쪽에 살았으므로 산동대가(山東大家)로서 지칭되어 왔으며, 산동에서 대과급제 24명, 진사 80여 명을 배출.

- 산동지역의 고령 신씨 문중은 개화사상을 비교적 빠르게 받아들여 계몽운동과 독립운동에 헌신하는 인물들을 많이 배출하였으며, 대표적인 인물로 신채호·신규식(申圭植)·신백우(申伯雨)·신흥식(申興植)·신흥우(申興雨) 등을 들 수 있음.

- 신채호는 신규식·신백우와 더불어 산동의 삼재(三才)라고 불림.

- 할아버지 신성우(申星雨)는 일찍이 문과에 급제하여 정언(正言)까지 지냈으나, 충북 청원군(淸原郡) 낭성면(琅城面) 귀래리(歸來里) 고두미로 낙향하여 농업에 종사.

- 아버지대에 이르러서는 가세(家勢)가 기울어 할아버지의 처가인 안동 권씨촌(安東權氏村)으로 이주하게 되었으며, 여기서 신채호는 출생.

- 신채호는 어린 시절 '콩죽'으로 연명하며 유년기를 보냄.

- 신채호는 처음 '채호(宋浩 : 신채호)'라는 이름으로 표기하다가 뒤에 '采浩(신채호)'로 변경, 아호는 정몽주의 「단심가(丹心歌)」에 영향을 받아 '일편단생(一片丹生)'으로 하였다가, 이를 줄여 '단재(丹齋 : 단재 신채호)'로 고쳐 부름.

1887년 (8세)

- 아버지 신광식이 38세의 젊은 나이로 별세.

- 아버지의 죽음으로 충격 받은 신채호는 할아버지·어머니·형(兄) 재호(在浩 : 신제호)을 따라 충북 청원군(淸原郡) 낭성면(琅城面) 귀래리(歸來里) 고두미로 다시 이사함.

- 할아버지가 향리에서 작은 한문 사숙을 열었으며, 신채호는 여기서 전통 한학(漢學) 교육을 배움.

1888년 (9세)

- 신채호는 나이 9살에 『통감(通鑑)』을 해독함.

1889년 (10세)

- 할아버지로부터 한학을 배우던 신채호는 이때부터 한시(漢詩)를 짓기 시작.

1893년 (14세)

- 『사서삼경(四書三經)』을 독파하여 소년(少年) 신채호의 문명(文名)이 인근 마을에도 널리 알려짐.

1895년 (16세)

- 향리에서 풍양 조씨(豊壤 趙氏)와 결혼.

1896년 (17세)

- 신성우는 신채호의 남다른 능력을 보고서, 석헌(石軒) 신승구와 구당(苟堂) 신병휴(신백우의 부친)에게 한학을 수학하게 함.

1897년 (18세)

- 신성우는 더 많은 배움의 길을 열어주기 위해 신채호를 신기선(申箕善)에게 소개.

- 신채호는 신기선의 서재에서 개화서적을 접할 수 있었으며, 여기서 개화에 대해 눈을 뜨기 시작.

- 용파(龍坡) 신풍구(申豊求)의 회갑을 맞이하여 형 재호(신재호)와 함께 이를 축하하였으며, 축하시「용파수연시」를 지음.

1898년 (19세)

- 신기선은 신채호의 능력을 인정하여 성균관에 추천.

- 신기선의 추천에 의해 신채호는 이해 가을 성균관(成均館)에 입교하여, 변영만(卞榮晚)·조소앙(趙素昂) 등과 함께 수당(修堂) 이남규(李南珪)로 부터 가르침을 받음.

- 당시 성균관장이었던 이남규는 여러 제자들 가운데 신채호를 가장 총애.

- 11월경 독립협회에 참가하여 활동하다가 투옥.

- 이때부터 신채호는 애국계몽활동을 시작.

1899년 (20세)

- 신채호가 어려서부터 줄곧 따르던 형 재호(신재호)가 27세를 일기로 요절(夭折).

1901년 (22세)

- 가덕 인차리에서 신규식과 함께 '문동학원(文東學院)'을 설립하여 애국계몽운동을 전개

- 신채호는 권봉집(權鳳集)·이종한(李鍾翰)·안승구(安承九)·박윤하(朴潤夏)·윤화중(尹華重)·성

용(成塘)·박승헌(朴勝憲)·이병준(李炳埈)·안승철(安承哲)·이근제(李根濟)·류익희(柳益熙)·오충식(吳忠植)·이강수(李康秀)·이강필(李康泌)·정좌섭(丁佐燮) 등과 더불어 당시 시행되고 있던 법규가 예(禮)에 어긋남을 지적하는 헌의서(獻議書)를 제출.

• 성균관 경학과에 재학중에 고향에 돌아와 오언배율의 한시를 지음.

1904년 (25세)

• 일본이 항무지 개간권을 한국정부로부터 빼앗자 신채호는 조소앙 등과 더불어 항일 성토문(聲討文)을 작성하여 일본정부와 친일 매국 대신들을 규탄.

1905년 (26세)

• 4월 6일 성균관 박사에 임명되었으나, 다음날 이를 사직.

• 단발(斷髮)을 결행하였으며, 동산(東山) 류인식(柳寅植)과 더불어 단발 종용 운동을 전개.

• 성균관 박사직을 사임한 신채호는 향리로 내려가 묵정리(墨井里)에서 신백우·신규식 등과 더불어 '산동학원(山東學堂)'을 개설.

• 자부(子婦)를 보기 위해 청원군 낭성면에 찾아 온 위암(韋庵) 장지연(張志淵)은 신채호를 알게 되었으며, 신채호를 『황성신문(皇城新聞)』의 논설(論說) 위원으로 위촉.

• 신채호는 다시 상경하였으며, 이후 줄곧 언론을 통한 계몽활동을 전개.

1906년 (27세)

• 『황성신문』이 「시일야방성대곡(是日也放聲大哭)」을 계기로 폐간 당하자 신채호는 운강(雲崗) 양기탁(梁起鐸)의 추천으로 영국인 베델(Bethell, 배설(裵說))이 경영하던『대한매일신보(大韓

毎日申報)』의 주필로 초빙됨.

1907년 (28세)

• 이해부터 신채호는 『대한매일신보』에 본격적으로 논설을 기고하기 시작.

• 안창호(安昌浩)·이갑(李甲)·이동녕(李東寧)·이동휘(李東輝)·이승훈(李昇薰)·이회영(李會榮)·전덕

 기(全德基) 등과 더불어 비밀결사 조직인 신민회에 참여하여 활동.

• 대구를 중심으로 전국적으로 전개된 국채보상운동(國債報償運動)에 참여하여 활동.

• 보전친목회(普專親睦會)에서 발행하는 잡지 『친목(親睦)』에 「서분(書憤)」이라는 한시를 '무

 애생(無涯生)'라는 필명으로 발표.

• 대한자강회(大韓自强會) 회원으로 활동.

• 11월 보전친목회(普專親睦會)에서 발행하는 잡지 『친목(親睦)』에 「우공이산론(愚公移山論)」

 을 '무애생(無涯生) 신채호(申采浩)'라는 필명으로 기고. 「심단연후(心團然後)에 체단(體團)」

 와 「보종보국(保種保國)이 원비이건(元非二件)」, 「보종보국론」을 무기명으로 『대한매일신보』

 국한문판과 국문판에 발표.

• 12월 『이태리건국삼걸전(伊太利建國三傑傳)』 국한문판을 번역하여 광학서포(廣學書舖)에서

 발행.

1908년 (29세)

• 『대한매일신보』외에 가정교육과 여성 계몽을 위하여 순 한글로 발간한 잡지 『가뎡잡

 지』에 사원과 주필로 참여하여 활동.

• 1월 『가뎡잡지』에 「새해츅사」·「슈원리생원」·「쥬락조씨의 부인」·「한씨부인의 조선」·「게씨

문중의 학교」를 '신채호'라는 필명으로 발표. 「영웅(英雄)과 세계(世界)」·「영웅과 세계」와 「경고(警告) 유림동포(儒林同胞)」·「유교동포에게 경고홈」을 무기명으로 『대한매일신보』 국한문판과 국문판에 발표.

- 2월 「덕지체(德智體) 삼육(三育)에 체육(體育)이 최급(最急)」, 「덕육과 지육과 톄육즁에 톄육이 최긴함」, 무기명으로 『대한매일신보』 국한문판과 국문판에 발표.

- 3월 「세계삼괴물(世界三怪物) 서(序)」를 '무애생(無涯生)'이라는 필명으로 집필. 『가뎡잡지』에 「익모초」라는 소설을 '신채호'라는 필명으로 발표. 「국한문(國漢文)의 경중(輕重)」, 「국한문의 경즁」「기회(機會)는 불가좌대(不可坐待)」, 「기회는 가히 안져셔 기다리지 못할 일」을 무기명으로 『대한매일신보』 국한문판과 국문판에 발표.

- 4월 『대한협회회보(大韓協會會報)』에 「대한(大韓)의 희망(希望)」을 '신채호(申寀浩)'라는 필명으로 발표. 「여우인절교서(與友人絶交書)」, 「친구에게 절교하는 편지」를 '금협산인(錦頰山人)'이라는 필명으로 『대한매일신보』 국한문판과 국문판에 발표. 「일본(日本)의 삼대충노(三大忠奴)」, 「일본의 큰 츙노 세사람」을 무기명으로 『대한매일신보』 국한문판과 국문판에 발표.

- 5월 고령 신씨 영천학계(靈川學契) 운영에 주도적으로 참여. 『을지문덕(乙支文德)』 국한문판을 광학서포에서 발행. 『대한협회회보(大韓協會會報)』에 「역사(歷史)와 애국심(愛國心)의 관계(關係)」를 '신채호(申寀浩)'라는 필명으로 발표. 「수군제일위인(水軍第一偉人) 이순신(李舜臣)」을 5월 2일부터 8월 18일까지 '금협산인(錦頰山人)'이라는 필명으로 연재. 「금일(今日) 대한국민(大韓國民)의 목적지(目的地)」, 「오늘날 대한국민의 목뎍」을 무기명으로 『대한매일신보』 국한문판과 국문판에 발표.

- 6월 『대한협회회보(大韓協會會報)』에 「역사(歷史)와 애국심(愛國心)의 관계(關係)」를 '신채호(

申采浩'라는 필명으로 발표. 「슈군의 뎨일 거륵한 인물 리슌신젼」을 6월 11일부터 10월 24일까지 '금협산인'이라는 필명으로 『대한매일신보』 국문판에 연재. 「가족교육(家族敎育)의 전도(前途)」, 「가족 교육의 전도」, 「구서수집(舊書蒐集)의 필요(必要)」, 「녯글을 수습하는 거시 필요함」을 무기명으로 『대한매일신보』 국한문판과 국문판에 발표.

- 7월 『을지문덕』 국문판을 광학서포에서 발행. 『대한협회회보(大韓協會會報)』에 「성력(誠力)과 공업(功業)」을 '신채호(申采浩)'라는 필명으로 발표. 『가뎡잡지』에 「익모초」라는 소설을 '신채호'라는 필명으로 발표. 「근금(近今) 국문소설(國文小說) 저자(著者)의 주의(注意)」, 「근일 국문쇼셜을 져슐하는쟈의 주의할일」, 「한국(韓國)과 만주(滿洲)」, 「한국과 만쥬」, 「국가(國家)는 즉(則) 일가족(一家族)」, 「국가는 곳 한집 족속이라」를 무기명으로 『대한매일신보』 국한문판과 국문판에 발표.

- 8월 「몽견제갈량(夢見諸葛亮) 서(序)」를 '신채호(申采浩)'라는 필명으로 집필. 『대한협회회보(大韓協會會報)』에 「대아(大我)와 소아(小我)」를 『기호흥학회월보(畿湖興學會月報)』에 「기호흥학회(畿湖興學會)는 하유(何由)로 기(起)하얏는가」를 '신채호(申采浩)'라는 필명으로 발표. 「독사신론(讀史新論)」을 27일부터 12월 13일까지 '일편단생(壹片丹生)'이라는 필명으로 『대한매일신보』에 연재. 「허다고인지죄악심판(許多古人之罪惡審判)」, 「허다한 녯사람의 죄악을 심판함」, 「국수보전설(國粹保全說)」, 「나라ㅅ 정신을 보젼하는 말」을 무기명으로 『대한매일신보』 국한문판과 국문판에 발표.

- 9월 「타파(打破) 가족적(家族的) 관념(觀念)」, 「가족 사샹을 타파함」과 「대아(大我)와 소아(小我)」, 「큰나와 적은나」를 『대한매일신보』 국한문판과 국문판에 발표.

- 11월 「문법(文法)을 의통일(宜統一)」, 「문법을 맛당히 통일할일」과 「국문연구회(國文硏究會) 위원제씨(委員諸氏)에게 권고(勸告)함」, 「국문연구회 위원제씨에게 권고함」을 『대한매일신

보」 국한문판과 국문판에 발표.

- 12월 『기호흥학회월보(畿湖興學會月報)』에 「문법(文法)을 의통일(宜統一)」 '신채호(申采浩)'라는 필명으로 발표. 「편고승려동포(遍告僧侶同胞)」, 「승려동포에게 권고함」, 「구서간행론(舊書刊行論)」, 「넷적서책을 발간할 의론으로 셔적츌판하는 제씨에게 권고함」을 『대한매일신보』 국한문판과 국문판에 발표.

1909년 (30세)

- 신채호는 서울 삼청동(三淸洞)에 거주하고 있었으며, 늘 병고에 시달리면서 약을 복용.
- 풍양 조씨 사이에서 아들 관일(貫日: 신관일)이 태어났으나, 이해에 요절. 이에 신채호는 그 책임을 부인에게 물어 별거를 시작. 별거할 때 부인에게 답(畓) 오두락(五斗落)을 사줌.
- 1월 「애국이자(愛國二字)를 구시(仇視)하는 교육가(敎育家)여」, 「동양이태리(東洋伊太利)」, 「동양에 이태리」를 무기명으로 『대한매일신보』 국한문판과 국문판에 발표.
- 2월 「한국(韓國)의 제일호걸대왕(第一豪傑大王)」, 「한국에 데일 호걸대왕」, 「유교계(儒敎界)에 대(對)한 일론(一論)」, 「유교에 대한 의론」을 무기명으로 『대한매일신보』 국한문판과 국문판에 발표.
- 3월 「국가(國家)를 멸망(滅亡)케 하는 학부(學部)」, 「국가를 멸망케 하는 학부」, 「동화(同化)의 비관(悲觀)」, 「전례를 담는비평」을 무기명으로 『대한매일신보』 국한문판과 국문판에 발표.
- 4월 「정신상국가(精神上國家)」, 「정신으로된 국가」를 무기명으로 『대한매일신보』 국한문판과 국문판에 발표.
- 6월 「학생계(學生界)의 특색(特色)」, 「학생계에 새광채」, 「유교확장(儒敎擴張)에 대(對)한 논

(論), 「유교를 확장하는데 대한의론」, 「석호(惜乎) 우룡택씨(禹龍澤氏)의 국민(國民) 대한(大韓) 양마보(兩魔報)의 응견(鷹犬)됨이여」, 「앗갑노다 우룡택씨가 국민대 한 두마귀신문의 응견이 됨이여」를 무기명으로 『대한매일신보』 국한문판과 국문판에 발표.

- 7월 「한국자치제약사(韓國自治制略史)」, 「한국의 자치제도 래력」, 「서적계일평(書籍界一評)」, 「셔적계를 한번 평론함」, 「신가국관념(身家國觀念)의 변천(變遷)」, 「몸과 집과 나라 세가지 정황의 변천」, 「아(我)란 관념(觀念)을 확장(擴張)할지어다」, 「내라하는 뜻을 확장할지어다」를 무기명으로 『대한매일신보』 국한문판과 국문판에 발표.

- 8월 윤치호(尹致昊)·안창호(安昌浩)·최광옥(崔光玉)·최남선(崔南善)·박중화(朴重華)·장응진(張膺震) 등과 더불어 청년학우회(靑年學友會)를 조직하여 활동.「동양주의(東洋主義)에 대(對)한 비평(批評)」, 「동양쥬의에 대한 평론」, 「논충신(論忠臣)」, 「엇던거시 충신이라함을 의론함」을 무기명으로 『대한매일신보』 국한문판과 국문판에 발표.

- 9월 「사상변천(思想變遷)의 계급(階級)」, 「사람의 생각이 변천하는 등급」, 「인생(人生)의 경우(境遇)」, 「인생의 경우」를 무기명으로 『대한매일신보』 국한문판과 국문판에 발표.

- 10월 「논려사무필(論麗史誣筆)」, 「고려사기를 닑다가 감격함이 잇노라」를 무기명으로 『대한매일신보』 국한문판과 국문판에 발표.

- 11월 「천희당시화(天喜堂詩話)」를 9일부터 12월 4일까지 『대한매일신보』 국한문판 문단 란에 무기명으로 연재.「내가 향곡(鄕谷)에 구경(觀景)하니」, 「내가 모군(某郡) 모학교(某學校)를 과(過)하다가」, 「공주(公州) 계룡산(鷄龍山) 밋헤」, 「옛적에 일소아(一小兒)가 유(有)하니」, 「옛적에 일우아(一愚兒)가 유(有)하니」, 「상복연(喪服鳶)」, 「재맹아(再盲兒)」, 「헌누덕이 감발한 소곰장사 하나이」, 「쏘악이 한 마리가 원여름을 두고」, 「서인(西人)이 오주(澳洲)를 처음 발견(發現)할 제(際)」, 「유(柳)슈운(雲) 한석봉(韓石蜂)」, 「지나고설(支那古說)부에 운(

云)하엿스되」, 「나마시(羅馬時)에 일천문학자(一天文學者)가」, 「위인(偉人)의 두각(頭角)」, 「철인(哲人)의 면목(面目)을 '검심(劍心)'이라는 필명으로 『대한매일신보』 국한문판 담총란에 연재. 「내가 싀고을노 구경을 가서보니」, 「공쥬계룡산밋헤」, 「엇던 아해가 있는데」, 「엇던 어리석은 아해가 잇셔」, 「상졔솔귀」, 「도로소경」, 「헌누덕이에 집신감발한 소금쟝사 한나히」, 「쏘아기 한머리가 온 녀름을 두고」, 「셔양人사람이 오스트랄리아를 처음으로 발견할때에」, 「류수운이라하는 이는」, 「한셕봉의 어마니는 떡을 하여 팔며」, 「최영쟝군이 어렷슬때에」, 「오리 리졍승이 졀멋슬때에」, 「죠졍암션생이 나히 십륙세에」, 「퇴계 리션생이 그집 니웃에」, 「셔화 담션생이 어렷슬때에」를 무기명으로 『대한매일신보』 국문판 잡동산이란에 연재. 「국민(國民)의 혼(魂)」, 「국민의 혼」을 무기명으로 『대한매일신보』 국한문판과 국문판에 연재.

- 12월 「동국거걸(東國巨傑) 최도통(崔都統)」을 9일부터 1910년 5월 27일까지 『대한매일신보』 국한문판에 연재. 「촌여(村閭)의 인(人)이 항상(恒常) 소아(小兒)를 조속(操束)하야」, 「하인(何人)이던지 자가(自家)에 귀(歸)하는 것을」, 「타인(他人)이 자기(自己) 부(父)의 부정(不正)한」, 「동일(同一)한 정신(精神)을 포(抱)하며 동일(同一)한」, 「근일(近日) 소설가(小說家)의 추세(趨勢)를 관(觀)하건데」, 「노예공부(奴隷工夫)」, 「협잡교육(挾雜敎育)」, 「고담(古談[일(一)]) 녯젹 희합(希臘)에 한 어린셕은」, 「고담(古談[이(二)]) 녯젹 한 사람이 아자비아(亞剌比亞)로 여행(旅行)을」, 「고담(古談[삼(三)]) 이태백(李太白)은 지나(支那) 대문장(大文章)이라」, 「일(一) 심심산촌(深深山村)에 일(一) 완고학구(頑固學究)가 잇다」, 「태서인(泰西人) 야마이림(耶摩爾林)이 왈(曰)」, 「태서인(泰西人) 애아가(埃亞哥) 왈(曰)」, 「전심치지(專心致志) 아니하면 아니됨」, 「로이십사(路易十四)는 법국(法國)의 효군(梟君)이라」, 「신라말년(新羅末年)에 견훤(甄萱)이」, 「엇던 외국(外國) 사람들이 한국(韓國)사람을 조롱(嘲弄)하며」, 「소장국(小壯國)」, 「강감찬(姜邯贊)과 가부이(加富爾)」,

「비재(悲哉) 한국영웅(韓國英雄) 역사(歷)사」, 「고인(古人)의 사상발표(思想發表)의 난(難)」, 「국(國)사의 일사(逸事)」, 「병문군(屛門軍)과 대통령(大統領)」, 「절도자(竊盜者)의 국가주의(國家主義)」, 「배금국(拜金國)」, 「각군읍지(各郡邑誌)」, 「성인(聖人)」, 「인류지식(人類知識)」, 「고인(古人)」, 「단(斷)발」, 「삼국이후(三國以後)의 한국(韓國)은 기(其) 국성(國性)이」, 「한국인(韓國人)이 왕왕개명(往往開明)을 오해(誤解)하야」, 「파(巴)립서(西)가 년(年)이 십팔(十八)에」, 「일화사(一畵師)가 유한데」, 「여(余)가 향일(向日)에 일독서실(一讀書室)을 과(過)하다가」, 「여(余)가 향일(向日)에 일소학교(一小學校)를 과(過)하다가」, 「국문(國文)의 기원(起源)」, 「멸절(滅絶)된 인종(人種)을 '검심(劍心)'이라는 필명으로 『대한매일신보』 국한문판 담총란에 연재.

「촌ᄉ사람들이 항샹 아해들을」, 「엇던 사람이든지 자긔 집으로 향하여」, 「다른 사람이 자긔 부친의 부정한」, 「근일에 쇼설짓는쟈의 츄셰를 볼딘데」, 「노례의 공부」, 「협잡교육」, 「녯적에 희랍국에 엇던 어리셕은」, 「한사람이 아라비아에 갓다가」, 「리태백은 당나라 문쟝이라」, 「산촌에 완고생원님이 잇셔서」, 「야마이림이 갈아대」, 「애아기가 갈아대」, 「무삼 일이든지 젼심치지를 아니하면」, 「로이뎨십사는 법국에 영걸한」, 「신라말년에 견훤이」, 「외국사람들이 한국사람들 죠롱하여」, 「일인이 한국을 늙은 나라이라고」, 「강감찬과 캐불」, 「한국 영웅의 력사」, 「녯사람의 사상을 발표하기 어려움」, 「사긔에 빠진일」, 「병문친구와 대통령」, 「도적질하는쟈의 국가쥬의」, 「각군읍지」, 「금국을 슝배한다」, 「셩인」, 「인류지식」, 「녯사람」, 「이머리우헤 더부룩한 머리털을」, 「삼국이후에 한국은 그 국성이」, 「한국인이 종종 지명을 오해하여」, 「파립셔가 나이 열여덟에」, 「엇던 화긍하나이 잇는데」, 「나는 일전에 엇던 글ᄉ방을 지나다가」, 「나는 일전에 엇던 쇼학교를 지나다가」, 「국문의 래력」, 「멸망된 인종」을 무기명으로 『대한매일신보』 국문판 잡동사니란에 연재.

1910년 (31세)

- 1월 「동양영웅아(東洋英雄兒)의 결점(缺點)」, 「여(余)가 왕년(往年)에 일사학선생(一史學先生)을 우(遇)하니」, 「일인(一人)이 기자(其子)를 훈(訓)하야」, 「아국(我國)의 보지(報紙)」, 「고대(古代)의 인물(人物)」, 「유진리(惟眞理)」, 「진화(進化)와 퇴화(退化)」, 「공공사업(公共事業)의 공익(公益) 됨」, 「국수(國粹)」, 「무제기이후비제인(無諸己而後非諸人)」, 「언무수문(偃武修文)」, 「요동(遼東)」, 「속구라두스」, 「무용(無用)되면 폐지(廢止)」, 「양국사학(兩國史學)의 반비례(反比例)」, 「동양혁명사(東洋革命史)의 결점(缺點)」, 「연개소문(淵蓋蘇文)」, 「김준(金俊)」, 「원통(寃痛)한 죽음」, 「인생(人生)의 수치(羞恥)」, 「시간(時間)」, 「동양인인(東洋仁人)은 민복(民福)을 진(進)하고」, 「군(君)과 국(國)」, 「고인(古人)의 유광(遺光)」을 '검심(劍心)'이라는 필명으로 『대한매일신보』 국한문판 담총란에 연재.

  「동양 영웅의 흠절」, 「한국에 신문지」, 「내가 왕년에 한 스고을 성생을」, 「한사람이 그 아들을 가르치되」, 「완고한쟈를 교도할일」, 「우리는 공자를 선생으로 삼을가」, 「진화와 퇴화」, 「공공한 사업이 공익됨이라」, 「국슈」, 「일인의 한국인을 죠롱하는 쥬둥이가」, 「무긔를 업시하고 문치를 숭상함」, 「묘동」, 「속구라두쓰」, 「슬대업스면 폐지되는법」, 「두나라의 사긔짓는 거시 일쳬 반대되는일」, 「동양혁명사긔의 흠절」, 「쳔합소문」, 「금쥰」, 「원통한 죽음」, 「인생의 슈치」, 「시간」, 「동양의 어진사람은 백성의 복락을 누리게하며 민적을 토죄코져 할새」, 「님군과 나라」, 「고인의 유적」을 무기명으로 『대한매일신보』 국문판 잡동사니란에 연재.

  「한일합병론자(韓日合併論者)에게 告함」, 「한국과 일본을 합병할 의론을 하는쟈에게 고하노라」를 무기명으로 『대한매일신보』 국한문판과 국문판에 발표.

- 2월 「구력세제(舊曆歲除) 봉우술회(逢友述懷)」라는 한시를 '단재(丹齋)'라는 필명으로 『대한

『매일신보』 국한문판에 발표. 「교정일치시대(敎政一致時代)」, 「대영웅(大英雄) 소영웅(小英雄)」, 「신성(神聖)한 국(國)」, 「국(國)의 가(價)」, 「년래(年來)엇던 지방(地方)은」, 「종교가(宗敎家)의 영웅(英雄)」, 「심리적노옹(心理的老翁)」, 「행주적시체(行走的尸體)」, 「자멸(自滅)」, 「구인(歐人)이 아국(我國)에 입(入)한 시(始)」를 '검심(劍心)'이라는 필명으로 『대한매일신보』 국한문판 담총란에 연재. 「종교와 정치가 일치된 시대」, 「큰영웅과 적은영웅」, 「신성한 나라」, 「나라의 가치」, 「무식한 백성」, 「종교가의 영웅」, 「마음늙은이」, 「산송장」, 「스스로멸망」, 「구라파스 사람이 한국에 처음온때라」를 무기명으로 『대한매일신보』 국문판 잡동사니란에 연재. 「신난서감(新暖書感)」, 「일기가 새로 더움을 당하여 감동함이 잇노라」, 「문화(文化)와 무력(武力)」, 「문화와 무력」, 「한국지리상발전(韓國民族地理上發展)」, 「한국민족의 디리샹 발전한일」을 무기명으로 『대한매일신보』 국한문판과 국문판에 발표.

• 3월 「동국에 뎨일영걸 최도통전」을 6일부터 5월 26일까지 '금협산인'이라는 필명으로 『대한매일신보』 국문판에 연재. 「동국고대선교고(東國古代仙敎考)」, 「동국의 선교」, 「고물진열소관고려자기유감(古物陳列所觀高麗磁器有感)」, 「고물진렬소에서 고려자기를 보고 감탄함을 니기지 못하노라」를 『대한매일신보』 국한문판과 국문판에 발표.

• 4월 국치를 예감하고 기차를 통해 정주 오산학교를 거쳐 중국 안동현(安東縣)으로 이동, 안동현에서 다시 기차를 타고 칭다오로 이동. 칭다오에서 안창호·이갑 등 신민회의 간부들과 독립군(獨立軍) 기지 창건의 문제를 논의. 신민회에서는 밀산현에 기지를 마련하고 무관학교를 설립. 여기서 신채호는 국사와 한문 교사를 담당하기로 결정. 신채호는 중국으로 망명할 당시 순암(順庵) 안정복(安鼎福)의 친필본 『동사강목(東史綱目)』을 휴대함.

「일(日)」, 「팔백년간(八百年間)의 주돈족(主頓族)」, 「한국(韓國)의 서적(書籍)」을 '검심(劍心)'이

라는 필명으로 『대한매일신보』 국한문판 담총란에 연재. 「팔백년간 튜톤종족」, 「한국의 셔책」을 무기명으로 『대한매일신보』 국문판 잡동산이란에 연재.

- 8월 최남선은 「독사신론」을 「국사사론(國史私論)」이라는 제목으로 『소년(少年)』 제3권 8호에 첨삭하여 수록.

- 9월 칭다오회담에서 의결된 독립된 기지와 무관학교 설립을 실천하기 위해 지린성 밀산부로 이동. 자금문제로 실천하지 못함. 노령(러시아령)의 블라디보스토크에 도착. 「독사신론」을 6일부터 1911년 1월 3일까지 '일편단생(一片丹生)'이라는 필명으로 『신한국보(新韓國報)』에 연재.

1911년 (32세)

- 독립군 및 무관학교 창설계획이 자금문제로 실패하자, 신채호는 이갑·이동휘·윤세복 등과 광복회(光復會)를 조직하여, 부회장으로 활동.

- 6월 블라디보스토크에 머물던 신채호는 청년권업회(靑年勸業會)의 기관지 『대양보(大洋報)』의 주필로 선임. 『대양보』의 주필로 일하고 있던 신채호는 노령(러시아령) 한인사회에 존재하고 있던 여러 파벌 속에서 곤란을 겪어 다른 지역으로 이동하고자 하였으나, 이종호의 만류와 독립운동을 위해 계속 체류.

- 『대양보』는 6월부터 13호까지 속간하고, 9월 중순 휴간.

- 12월 19일 러시아 당국으로부터 허가를 받아 권업회(勸業會) 창립총회를 개최하였으며, 권업회에서는 신문부를 설치하여 신문간행을 계획함. 신채호는 신문부의 부장 겸 주필로 선임.

- 하와이 재미한인소년서회(在美韓人少年書會)에서 『대한매일신보』에 연재한 「독사신론」을 국문판으로 발행.

1912년 (33세)

- 2월 권업회에서는 러시아인의 명의로 러시아 당국에 신문허가를 청원.

- 4월 7일 인허장이 러시아 당국으로부터 나옴. 4월 22일자로 주간 『권업신문(勸業新聞)』의 창간호가 석판인쇄로 발행.

- 8월 신채호는 노령(러시아령) 한인사회의 알력과 대립에 염증을 느껴, 『권업신문』의 주필직을 사임하고, 상하이로 거취를 옮기고자 하였으나, 상황이 여의치 않아 9월말까지 신문 발행에 관여.

1913년 (34세)

- 봄 신채호는 블라디보스토크를 떠나 중국 관내로 거취를 옮김.

- 8월 19일 병고에 시달리던 신채호는 신규식의 초대로 상하이에 도착.

- 상하이에서 신규식·박은식(朴殷植)의 주도로 조직된 동제사(同濟社)에 참여하여 활동.

- 박은식(朴殷植)·정인보(鄭寅普)·문일평(文一平)·홍명희(洪命憙)·조소앙(趙素昂) 등과 교류를 가졌으며, 박달학원(博達學院)에 참여하여 청년들을 교육.

- 박은식이 홍콩에서 발행한 잡지 『향강(香江)』에 '단생(丹生)'이라는 필명으로 「고금광복기(古今光復記)」를 발표.

1914년 (35세)

- 상하이에서 김규식과 이광수에게 영어를 배움. 기본의 『로마흥망사』와 칼라일의 『영웅숭배론』을 원서로 독서함.

- 윤세용(尹世茸)·윤세복(尹世復) 형제의 초청으로 만주 봉천성 회인현으로 이동. 대종교에

입교하였으며, 동창학교에서 교사활동을 시작. 동창학교 국사 교재로 『조선사(朝鮮史)』를 집필했으며, 이 작업은 계속 이어진 것으로 보임.

- 독립군 양성소 기지 선정을 위해 남, 북만주 일대를 답사. 한국고대사 관련 유적지도 집중적으로 답사.

- 서간도에서 활동하던 신채호는 다시 베이징으로 이동.

1915년 (36세)

- 서간도 시절부터 집필하기 시작한 『조선사』를 베이징으로 거주지를 옮긴 후에도 도서관의 이용을 통해 지속해 나감.

- 망명이전에 집필하였을 것으로 보이는 「대동제국사서언(大東帝國史序言)」과 「동방고대각인종(東方古代各人種)」이 필사.

1916년 (37세)

- 3월 소설 『꿈하늘』을 집필. 서문과 전 6장으로 구성된 이 소설은 작가 자신의 꿈과 애국심을 극화(劇化)한 자전적 사상소설로써, 생존경쟁·우승열패의 사회진화론적인 민족자강사상과 전투적인 항일 투쟁의식을 유상적(幼想的)으로 형상화한 신채호의 대표적인 작품 가운데 하나임.

- 8월 15일 대종교(大倧敎) 도사도(都司徒) 홍암(弘巖) 나철(羅喆)이 일본 정부에 보내는 장서(長書)를 남기고 구월산에서 자결하자, 이를 애통해한 신채호는 「도제사언문(悼祭四言文)」을 지어 나철의 영혼을 위로함. 「도제사언문(悼祭四言文)」은 현재 북한에 소장되어 있음.

1917년 (38세)

- 형 재호의 딸 향란(香蘭: 신향란)의 혼사 문제로 밀입국. 진남포(鎭南浦)에서 향란을 만남. 신채호는 망명이전 향란의 양육을 친구 임치정(林蚩正)에게 부탁함. 향란이 임치정의 이설(利說)만 듣고, 자신의 말에는 귀기울이지 않자, 이에 격분한 신채호는 향란과 의절 단지(斷指)함.

- 신채호는 진남포에서 서울로 잠입. 요절한 애제자 김기수(金箕壽)의 집을 찾아 그를 조문. 이후 그는 다시 중국으로 망명.

- 7월 박은식·신규식·윤세복 등 14명과 함께 임시정부수립을 제창하는 『대동단결선언(大同團結宣言)』에 참여.

1918년 (39세)

- 베이징의 보타암에서 『조선사』 집필을 지속해 나감.

- 베이징에서 신채호는 『중화보(中華報)』, 『베이징일보(北京日報)』와 같은 중국 유수한 중국 신문에 논설을 기고하면서 생활. 병고와 생활고에도 불구하고 신문의 오식(誤植)을 이유로 집필을 거절함.

- 신규식 주도로 결성된 신한청년단(新韓靑年團)에 참여하여 활동. 신규식과 더불어 한중 항일공동전선(韓中抗日共同戰線)의 결의를 제의.

1919년 (40세)

- 2월 만주 지린의 대한의군부 주도의 「대한독립선언서(大韓獨立宣言書)」에 참여.

- 3월 한성정부의 평정관으로 선임. 3·1운동(1919) 이후 베이징에서 상하이로 이동. 상하이

에 거주하고 있던 여러 독립운동가들과 더불어 임시정부수립에 적극 참여.

- 4월 임시의정원에서 신채호를 충청도를 대표하는 의원으로 선임. 이승만이 내각책임제
  의 국무총리로 천거되자, 위임통치 문제를 들어 이를 반대.

- 7월 신채호의 뜻이 받아들여지지 않았지만, 계속해서 임시정부 의정원 활동을 하였으
  며, 임시정부 의정원 전원위원장(全院委員長)으로 선임.

- 8월 이승만이 통합임시정부의 대통령으로 선출되자 신채호는 임시정부와의 인연을 끊
  고, 반임정 활동에 주력함. 임시정부 의정원 충청도 위원에서 해임.

- 10월 임시정부와 결별한 신채호는 『신대한(新大韓)』을 발행. 『신대한』의 발행 장소는 상
  하이 보강리(寶康里) 54호. 이 신문은 반임정활동과 무장투쟁론을 선전함과 동시에 신대
  한동맹단(新大韓同盟團) 기관지 역할도 함. 이 신문의 주요 참가자로 김두봉(金枓奉)·한위건(
  韓偉健), 일제에 매수된 주필 방효상(方孝相) 등이 있음. 신채호는 신대한동맹단의 부단주
  를 역임. 신대한동맹단의 단원은 40여 명이고, 베이징에서 반임시정부운동을 전개하던
  박용만과 연계된 과격단체임.

- 11월 신채호는 여운형(呂運亨)의 도일(渡日) 문제를 규탄함과 동시에 유호국민대회를 주도
  적으로 개최하여 활동함. 그는 유호국민대회에서 선포문을 작성함. 신채호가 작성한 선
  포문은 여운형이 민의를 위반하고 독립정신에 위해된다는 등, 국민회의의 결의사항과는
  다른 내용들이 포함되어 있어 파란을 일으킴. 이후 임시정부와의 관계가 더욱더 악화됨.

- 12월 『혁신공보(革新公報)』에 '신채호(申采浩)'라는 필명으로 「우리의 유일요구(惟一要求)」라
  는 논설을 발표.

1920년 (41세)

- 1월 『독립신문』과 『신대한』의 논쟁이 가열되자, 이동휘 국무총리는 양 신문 관계자들을 불러 화해시키고자 하였으나 실패. 『신대한』은 1월에도 계속 발간.

- 2월 『신대한』은 더 이상 발행되지 못함. 『독립신문』측에서 『신대한』을 발행하는 인쇄소를 압박하였기 때문.

- 4월 안태국이 별세하자, 「증별(贈別) 기당안태국(期堂安泰國)」이라는 한시를 지은 것으로 보임. 베이징으로 이동. 베이징 서성남위(西城南位) 아취하가(兒翠花街)에서 박용만(朴容萬)·고일청(高一清)·김창식(金昌植) 등과 제2보합단(普合團) 조직에 참여. 여기서 신채호는 내임장(內任長)에 선임. 신채호는 무장투쟁의 독립노선을 강화하기 위해 뜻을 같이하는 동지들을 규합하였으며, 봉천(奉天)에서 김동삼(金東三)·이시영(李始榮) 등과 재만 독립운동 단체의 통합에 전력하기도 함.

- 이회영의 부인 이은숙(李恩淑)의 중매로 26세의 박자혜(朴慈惠)와 결혼. 박자혜는 3·1운동(1919) 당시 서울에서 간우회사건(看友會事件)을 주동한 인물가운데 한 사람. 봉천을 거쳐 베이징으로 망명하여 결혼할 당시 연경대학(燕京大學) 의학과(疑豫科)에서 수학하던 중 신채호와 결혼.

- 6월 신채호는 노령(러시아령)의 포크라니치니아(綏芬河)로 이동하여 박용만·문창범·유동열 등과 노령(러시아령)에서 독립운동 전개방향에 대해 논의함.

- 9월 연해주에서 독립운동 활동이 불가능하다고 판단한 신채호는 베이징으로 옮겨 군사통일촉성회(軍事統一促成會)를 조직, 배달무(裵達武)를 남만(南滿)에 남공선(南公善)을 북만(北滿)에 파견하여 각 단체와 교섭하게 함.

- 11월 신채호는 베이징군사통일회의에 참여함과 동시에 박숭병(朴崇秉)·김창숙과 더불어

순한문 잡지 『천고』 간행 준비에 많은 시간을 보냄.

1921년 (42세)

- 1월 『천고』 1호를 간행하였으며, 1921년 7월까지 7호까지 간행되었던 것으로 보임.
- 4월 19일 베이징에서 신채호를 비롯하여 김원봉(金元鳳)·김창숙·남공선·이극로(李克魯)·박건병(朴健秉)·서왈보(徐曰甫)·배달무·송호(宋虎)·오성륜(吳成崙)·장건상 등 54명의 명의로 『성토문(聲討文)』을 발표. 이승만과 정한경(鄭翰景)이 미국 정부에 제출한 위임통치건에 대한 성토문이며, 이를 신채호가 작성했다는 견해가 있음.
- 20일 신채호는 박용만·신숙 등과 함께 베이징군사통일회의를 개최하였으며, 여기서 상하이의 임시정부와 임시의정원을 부인하기로 결정. 국민대표회의를 선전, 촉진을 위하여 신채호를 주간으로 하여 주보 『대동(大同)』을 발간하기로 결정.
- 5월 21일 베이징에서 김정묵(金正黙)·박봉래(朴鳳來) 등과 통일책진회(統一策進會)를 발기하고, 취지서를 발표.
- 6월 『대동』 창간호가 간행됨.

1922년 (43세)

- 새로운 임시정부의 구성과 독립노선을 위해 국민대표회 개최에 전력.
- 극심한 생활고로 인해 부인과 아들을 국내로 보냄.
- 의열단장 김원봉의 초청으로 상하이로 이동. 1개월간 체류하면서 의열단의 준비활동을 격려. 『조선혁명선언서(朝鮮革命宣言書)』를 집필.
- 「추야술회(秋夜述懷)」라는 한시를 지음.

1923년 (44세)

- 1월 『조선혁명선언서』를 발표.

- 9월 『독립신문(獨立新聞)』에 '진공(震公)'이라는 필명으로 「금일(今日)에 또 피란(避亂)할 십 승지(十勝地)를 찾는 사람들」, 「사십이상(四十以上)은 진살(盡殺)」을 발표.

- 12월 『독립신문』에 '진공(震公)'이라는 필명으로 「월왕구천살인(越王句踐殺人)」이라는 글 을 발표.

1924년 (45세)

- 1월 『동아일보(東亞日報)』에 '신채호(申采浩)'라는 필명으로 「조선고래(朝鮮古來)의 문자(文字) 와 시가(詩歌)의 변천(變遷)」을 발표.

- 3월 11일 생활고를 해결하고 집필활동을 지속하기 위해 베이징 관음호동(觀音胡洞)에 있 는 사찰 관음사(觀音寺)에 들어가 승려생활을 시작. 여기서 「조선사」와 「전후삼한고(前後 三韓考)」를 지속적으로 집필.

- 5월 「무제(無題)」라는 한시를 지음.

- 10월 홍명희의 주선으로 『동아일보』에 '신채호(申采浩)'라는 필명으로 「문제(問題) 없는 논 문(論文)」과 「고사상(古史上) 이두문(吏讀文) 명사해석법(名詞解釋法)」을 발표.

- 신채호는 승려 생활을 하면서도 이회영·김창숙·유자명 등과 접촉을 하면서 독립운동 방략에 대해 논의를 함.

- 신채호는 이규준(李圭駿)이 중심이 되어 조직된 다물단(多勿團)의 선언문을 기초해 주었 으며, 이 조직에 직·간접적으로 참여.

- 최남선이 경영하는 『시대일보』에서 환국을 요청했으나, 신채호는 이를 거부.

1925년 (46세)

• 1월 『동아일보』에 '신채호(申采浩)'라는 필명으로 「낭객(浪客)의 신년만필(新年漫筆)」, 「삼국

사기중(三國史記中) 동서양자상환고증(東西兩字相換考證)」, 「삼국지(三國志) 동이열전교정(東夷

列傳校正)」, 「평양패수고(平壤浿水考)」를 발표.

• 3월 30일 다물단의 일본 밀정 김달하(金達河) 처단에 간접적으로 참여.

• 4월 승려 생활을 청산하고 환속. 김세랑(金世良)의 집에서 김창숙·김이연(金怡然) 등과 동

거하며, 이회영·유자명 등과 자주 회동. 이호영(李護榮)의 하숙집에서도 기거하기도 함.

• 여름 타이완인 임병문(林炳文)의 소개로 무정부주의(無政府主義) 동방연맹(東方聯盟)에 가입.

1926년 (47세)

• 5월 『시대일보(時代日報)』에 '신채호(申采浩)'라는 필명으로 「고구려(高句麗)와 신라(新羅) 건국

연대(建國年代)에 대(對)하여」라는 사론을 3회 연재.

1927년 (48세)

• 1월 홍명희의 요청으로 신간회(新幹會)의 발기인으로 참여.

• 2월 15일 신간회 창립총회에서 중앙위원의 한 사람으로 선임.

1928년 (49세)

• 1월 『조선일보』에 '신채호(申采浩)'라는 필명으로 「예언가(豫言家)가 본 무진(戊辰)」을 발표.

• 이해 초 신채호는 독서와 집필에 몰두하여 안질이 더욱더 악화됨. 실명(失明)되기 전에

어린 아들과의 상면(相面)을 위하여 부인과 장남 수범(신수범)을 베이징으로 불러 한 달간

생활한 후 다시 환국시킴.

- 4월 베이징 및 톈진에서 개최된 무정부주의 동방연맹 대회에 참가. 여기서 신채호가 선언문을 작성하여 발표하였다는 견해가 있음. 동방연맹의 선전 기관지의 발간 및 폭탄제조소의 설치 자금 등을 마련하기 위해 외국 위체를 입수함. 이를 환전하기 위해 몸소 행동에 옮김.

- 5월 신채호는 유맹원(劉孟源)이란 가명을 사용하며 중국인으로 변장. 일본 신호(神戶)를 거쳐 문사(門司)에서 항춘환(恒春丸) 편으로 타이완 기융항(基隆港)에 상륙 직전 일본 수상서원에게 피체됨. 신채호는 일경에게 의해 다롄으로 호송됨.

- 11월 신간회에서 파견한 이관용(李灌鎔)이 다롄감옥에서 신채호를 면회한 내용을 『조선일보』에 발표.

- 12월 공판이 열려 '치안유지법 위반, 유가증권 사기위조 등 행사 및 살인 및 사체 유기 사건'이란 죄목하에 심리가 이루어짐.

1929년 (50세)

- 2월 7일 다롄지방법원에서 제2회 공판이 열림. 여기서 일본 재판장이 "사기 행각을 나쁘다고 생각지 않느냐"라는 질문에, 신채호는 "우리 동포가 나라를 찾기 위해 취하는 수단은 모두 정당한 것이니 사기가 아니며, 민족을 위하여 도둑질을 할지라도 부끄럼이나 거리낌이 없다."라고 답변함. 이는 신채호의 투철한 항일독립운동자로서의 신념과 의지를 보여주는 것이라 할 수 있음.

- 4월 4일 제3회 공판심리에서 신채호는 "오직 현 제국주의 제도에 대한 불평과 약소민족의 미래를 위해" 무정부주의 동방연맹에 가입했다라고 함.

- 10월 3일 제4회 공판에서 신채호의 친구 전무식(田武植)을 증인으로 신청. 관서흑우회(關西黑友會)를 대표하여 채은국(蔡殷國) 등이 방청.

- 차남 두범(斗凡: 신두범)이 출생. 부인 박자혜는 서울 인사동 69번지에서 산파(産婆)로 일을 했으나, 일거리가 없었음. 풀장사로 연명함. 이러한 가족의 현실을 접한 그는 "정 할 수 없거든 아이들을 고아원에 보내시오."라는 비통한 편지를 아내 박자혜에게 보냄.

1930년 (51세)

- 5월 9일 다롄법정에서는 신채호를 10년형으로 판결. 신채호는 뤼순감옥으로 이감되었으며, 죄수번호는 411번. 중죄의 사상범이라 하여 다롄감옥에서는 독방에 수감.

- 6월 15일 홍명희의 주선으로 1924년부터 1925년까지 『동아일보』에 연재한 한국고대사 관련 논문을 『조선사연구초(朝鮮史硏究草)』라는 제목으로 조선도서주식회사에서 발행.

1931년 (52세)

- 6월 신백우와 안재홍(安在鴻)의 주선으로 10일부터 10월 14일까지 『조선일보』 학예란에 「조선사」를 연재.

- 10월 15일부터 1932년 5월 31일까지 『조선일보』 학예란에 「조선상고문화사(朝鮮上古文化史)」를 연재.

- 11월 16일 당시 『조선일보』 기자 신영우에게 수정, 보완의 필요성을 제기하며, 『조선상고문화사』의 발표 중지를 요청.

- 12월 신영우가 신채호를 면회하면서 면담한 것을 『조선일보』에 발표.

1935년 (56세)

- 오랜 형무소 생활로 건강이 악화되자 형무소 측에서는 다른 사람들의 보증하에 출감 허락을 통보. 친지·친구들의 보증과 친일파 부호 한사람의→(한 사람의) 보증을 받아 출감을 하고자 하였으나, 신채호가 친일파의 도움을 받을 수 없다며 이를 단호히 거부.

- 1월 『삼천리(三千里)』에 '신채호(申采浩)'라는 필명으로 「조선민족(朝鮮民族)의 전성시대(全盛時代)」를 발표.

- 4월 『신동방(新東方)』에 '신채호'라는 필명으로 「성질(性質)에 따라 아해(兒孩)들을 가라칠 일」을 발표.

- 10월 『신동방』에 '신채호'라는 필명으로 「소아교양론(小兒敎養論)」을 발표.

- 홍명희에게 보낸 서한에 의하면 신채호가 오래 전부터→(오래전부터) 구상하이온→(구상해온) 『대가야천국고(大伽倻遷國考)』와 『정인홍공약전(鄭仁弘公略傳)』을 원고화하지 못한 것을 안타까워 함.

1936년 (57세)

- 2월 18일 뇌일혈로 의식불명 상태가 됨. 형무소 당국에서는 서울 인사동 122번지로 "신채호 뇌일혈로 의식불명, 생명위독"이라는 전보를 보냄. 이러한 소식을 접한 박자혜·아들 수범·친구 서세충이 뤼순 감옥으로 갔으나,

- 유언 한마디 없이 21일 오후 4시 20분 뤼순 감옥에서 순국.

- 23일 뤼순에서 화장.

- 24일 유해가 서울역에 도착. 친지 및 각계 유지들의 애도 속에서 청주로 운구. 목정리 신백우집에서 하루 봉안.

- 25일 귀래리 고두미 옛 집터에 암장됨.

단재 신채호, 중국에 역사를 묻다

초판 1쇄 인쇄 ┃ 2021년 08월 07일

초판 1쇄 발행 ┃ 2021년 08월 13일

지은이 ┃ 김월배, 주우진

펴낸이 ┃ 김경우

펴낸곳 ┃ 도서출판 걸음

출판등록 ┃ 2019년 12월 10일 제2019-000090호

주소 ┃ (04409) 서울 용산구 한남동 578-31 낙원하이츠빌라 202호

전화 ┃ 02-794-7703

팩시밀리 ┃ 02-2179-7925

이메일 ┃ maguh@naver.com

정가 15,000원

ISBN 979-11-91531-05-9 03990